KB185796

기 적 의 숫 자 퍼 즐
네모네모
로직®
10 PLUS

C O N T E N T S

제우미디어

풀이법

설명의 순서대로 한 번만 따라 칠해보면 로직해법을 마스터할 수 있습니다!

기본 규칙

- 숫자는 '연속해서 칠할 수 있는 칸의 수'를 의미한다.
- 한 줄에 여러 개의 숫자가 있을 때는, 숫자와 숫자 사이에 반드시 한 칸 이상을 띄고 칠해야 한다.
- 칠할 수 없는 칸은 ✕로 표시한다.
- 완성된 숫자는 ○로 표시한다.

1

문제의 크기는 5x5이다.

❶은 세로 다섯 칸 중 세 칸을 연속해서 칠해야 한다는 뜻이다.

❷는 두 칸을 칠한 후, **한 칸 이상을 띄고** 다시 두 칸을 칠해야 한다는 뜻이다.

2

5는 다섯 칸을 연속해서 칠해야 한다. 다섯 칸을 모두 칠하고, 완성된 5에 ○로 표시한다.

3

위쪽의 3은, 세 칸이 연속해서 칠해져야 하니 맨 밑줄은 칠할 수 없게 된다. X로 표시한다.

4

위쪽의 4는, 네 칸이 연속해서 칠해져야 한다. **경우의 수를 따져보면** 네 번째 줄을 칠할 수 있다.

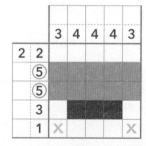

5

왼쪽의 3이 **완성**되었으니 숫자에 ○로 표시하고, 네 번째 줄의 양 옆을 ✕로 표시한다.

6

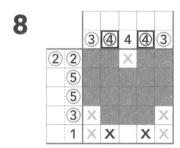

위쪽의 3을 다시 보면 네 번째, 다섯 번째 칸이 ✕로 표시되어 있다. 그럼 첫 번째 칸을 칠해야 3이 완성된다. 완성된 3은 ○로 표시한다.

7

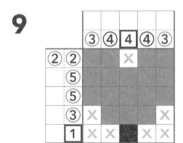

왼쪽의 2는 두 칸이 연속해서 칠해져야 하니, 두 번째 칸과 네 번째 칸을 칠할 수 있다. 세 번째 칸은 ✕로 표시하고, 완성된 2는 ○로 표시한다.

8

이렇게 되면 위쪽의 두 번째, 네 번째가 완성된다. 완성된 4를 ○로 표시하고 맨 밑줄은 ✕로 표시한다.

9

이제 남은 것은 위쪽의 4와 왼쪽의 1이다. **맨 밑줄의 남은 한 칸을 칠하면**, 위쪽의 4이자 왼쪽의 1이 완성된다.

잠깐!

네모 로직의 문제 크기가 큰 경우, **큰 숫자부터 공략하는 것**이 쉽다. 예를 들어 문제가 10x100이고 한 줄인 열 칸 중에서 아홉 칸을 연속해서 칠해야 할 때,
전체 칸 수(10) - 해당 칸 수(9) = **빈 칸 수(1)**
이 공식을 이용하면 경우의 수를 쉽게 풀 수 있다. 여기서는 1이 나왔으니 **위아래 한 칸씩**을 비우고 가운데 여덟 칸을 칠한다.

중요한 로직 풀이 TIP!

문제의 크기가 큰 로직 중에는 위의 설명만으로 해결되지 않는 것이 있다. 그럴 때 이것만 기억해 두면 손쉽게 풀 수 있다.

위에서부터 칠했을 때와 아래에서부터 칠했을 때 겹쳐지는 칸이 어디인지를 찾는다. 이때 숫자의 순서는 반드시 지켜야 하며 점을 찍어가며 생각하면 편하다.

❶ 한 칸에 점을 찍고, 한 칸 띄고 6칸에 점을 찍는다.
❷ 뒤에서부터 6칸에 점을 찍고, 한 칸 띄고 한 칸에 점을 찍는다.
❸ 겹치는 부분을 찾아 칠한다.

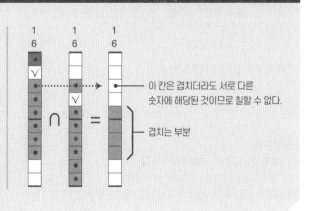

이 칸은 겹치더라도 서로 다른 숫자에 해당된 것이므로 칠할 수 없다.

겹치는 부분

네모네모 로직® 플러스 10

초판 1쇄 펴냄 2024년 12월 19일

편   저 l 제우미디어
발 행 인 l 서인석
발 행 처 l 제우미디어
등 록 일 l 1992. 8. 17
등록번호 l 제 3-429호
주   소 l 서울시 마포구 독막로 76-1 한주빌딩 5층
전   화 l 02) 3142-6845
팩   스 l 02) 3142-0075

I S B N l 979-11-6718-520-4
              978-89-5952-895-0 (세트)

만든 사람들

출판사업부 총괄 김금남 l **책임편집** 민유경
기획 신은주, 장재경, 안성재, 최홍우 l **제작** 김용훈
문제 디자인 나영 l **표지·내지 디자인** 디자인그룹올 l **표지·내지 조판** 디자인수

※ 값은 뒤표지에 있습니다.
※ 파본은 구입하신 서점에서 교환해 드립니다.

A1

기분이 좋아요!

난이도
★☆☆☆☆

15×15

Column clues (열 힌트)

c1	c2	c3	c4	c5	c6	c7	c8	c9	c10	c11	c12	c13	c14	c15
			2	1				1	2					
	3	2	3	3	1	1	1	3	3	2	3			
	5	1	3	2	1	1	1	1	2	3	1	5		
15	5	3	2	2	1	1	1	1	1	2	2	3	5	15

Row clues (행 힌트)

			15
		5	5
		3	3
		2	2
2	2	2	2
1	2	2	1
1	2	2	1
		1	1
1	2	2	1
1	1	1	1
2	2	2	2
	2	7	2
		3	3
		5	5
			15

A2

아침에 물을 마셔요

난이도
★☆☆☆☆

15×15

Column clues (열 힌트)

c1	c2	c3	c4	c5	c6	c7	c8	c9	c10	c11	c12	c13	c14	c15
								1	1					
	4			2		2	1	1	1	1	1	2	2	
	5	3		1	2	3	1	1	3	3	3	2	1	
12	2	1	13	2	1	2	1	1	1	1	2	1	2	12

Row clues (행 힌트)

			15
		6	3
		4	1
	4	6	1
	2	4	6
1	1	8	1
	1	2	1
	1	2	1
	1	2	1
	1	1	1
	2	1	1
		4	1
		2	1
		3	3
			6

A3

지금 몇 시일까요?

15×15

Column clues (top → bottom):

	c1	c2	c3	c4	c5	c6	c7	c8	c9	c10	c11	c12	c13	c14	c15
					3	2	2	2	2						
			4	2	1	1	1	6	1	2	3	2	4		
	7	11	4	2	3	2	2	2	2	2	3	2	4	11	7

Row clues (left → right):

Row	Clues
1	7
2	11
3	4 4
4	2 1 2
5	3 1 3
6	2 1 2
7	2 1 2
8	2 5 2
9	2 1 2
10	2 2
11	3 3
12	2 2
13	4 4
14	11
15	7

A4

이걸 누르면 무슨 일이 생길까요?

15×15

Column clues (top → bottom):

	c1	c2	c3	c4	c5	c6	c7	c8	c9	c10	c11	c12	c13	c14	c15
							1	1	1	1	2	2			
				2	2	1	2	2	2	2	3	3	6	2	
	2	6	3	3	2	1	1	1	1	1	1	2	2		
	6	4	4	3	3	3	1	1	1	1	1	2	2	3	9

Row clues (left → right):

Row	Clues
1	7
2	2 2
3	2 2
4	1 1
5	1 1
6	2 2
7	4 4
8	1 3 3 1
9	1 9 1
10	2 7 2
11	3 3
12	5 3 1
13	9 2
14	4 4
15	10

A5

빨갛고 아삭한 과일이에요

난이도
★☆☆☆☆

15×15

Column clues (top):

col	1	2	3	4	5	6	7	8	9	10	11	12	13	14	15
						1					1	1			
		2	1	2	1	1	3	5	5	2	2	1	1	3	1
	6	3	2	1	2	1	1	1	2	3	6	11	12	8	5

Row clues (left):

		6
	2	2
	3	2
		10
3	3	4
2	3	4
	1	4
	1	4
	1	4
	1	5
	2	4
	1	4
	2	4
	3	5
		7

A6

교양을 쌓아요

난이도
★☆☆☆☆

15×15

Column clues (top):

col	1	2	3	4	5	6	7	8	9	10	11	12	13	14	15
						2	1	1	2			3	3	3	3
	2	2	4	3	2	2	2	2	2	6	1	1	2	2	3
	4	6	6	6	4	2	2	3	2	2	2	3	4	3	4

Row clues (left):

		15
	6	7
	2	6
	2	1
	2	1
	2	5
3	2	2
4	2	2
3	2	1
	4	2
	3	3
	6	2
	6	2
		6
		3

A7

빙글빙글 돌아가요

난이도
★☆☆☆☆

20×20 네모로직 (nonogram)

세로 힌트 (열, 위→아래):

```
                              2
                        1  2  4  2
                  1  1  2  2  2  2              2
                  2  2  2  2  5  2  4  2  2  2  3
      7     1  2  6  6  2  2  4  1  5  3  5  6  2  7  3
      6 16  7  6  4  4  4  3  1  3  1  1  1  1  1  2  6  3
   8  1  2  4  3  3  3  3  3  3  1  1  4  4  4  3  3  3  3  6
```

가로 힌트 (행, 위→아래):

행	힌트
1	4
2	3 3 3
3	2 7 4
4	2 3 4 2
5	2 2 2 2 2
6	3 1 5 3
7	3 1 4 5
8	4 2 6 2
9	4 2 6 2
10	4 2 5 2
11	5 2 2 3
12	6 2 2 1
13	3 6 4 1
14	3 5 1
15	3 7 2
16	3 11
17	4 8
18	2 15
19	1 7
20	10

A8

생크림과 잘 어울려요

난이도
★☆☆☆☆

20×20 네모로직 (nonogram)

세로 힌트 (열, 위→아래):

```
                              3              1
                        2  2  2  2  1  1  3  2
                  4  3  2  1  3  3  2  3  3  3  5
            3  3  2  1  3  3  3  2  1  2  2  3  3  4
         5  3  2  1  3  3  3  2  1  2  2  2  2  3  5
   7  9  4  3  3  3  3  3  3  3  3  2  3  2  2  2  2  2  3  8
```

가로 힌트 (행, 위→아래):

행	힌트
1	7
2	5 2
3	5 3 1
4	3 4 1
5	3 1 2 1
6	4 2 1 2
7	3 4 3 1
8	3 2 1 4 1
9	2 4 1 2 2
10	3 2 1
11	2 4 3 3 1
12	2 1 1 1 2 4 1
13	2 1 2 4 1 2 2
14	3 1
15	5 3 3 1
16	8 1 1 4 1
17	8 1 2 1
18	8 2
19	12
20	9

A9 + A10

시원한 물이 떨어져요

난이도

★☆☆☆☆

A9 (20×20)

Row clues (left → right):

Row	Clue
1	6
2	3 13
3	10 1 4
4	7 1 2 3
5	5 1 1 1 3
6	2 2 3
7	3 1 1 3 2
8	3 1 2 4 1
9	3 2 1 2 1
10	3 1 1 2 1
11	2 1 1 1 2 1
12	2 1 1 1 1 2
13	2 2 1 2 2 2
14	3 2 1 2 2 2
15	3 2 1 2 2 2
16	3 2 2 2 2
17	2 2 2 2 2
18	2 2 2 1 2 1
19	2 2 2 1 1 1
20	2 1 1 1 2 1

Column clues (top → bottom per column):

Col	Clue
1	8 3
2	18
3	4 14
4	4
5	2 7
6	2 2 10
7	2
8	8
9	4 2 4
10	3 7
11	1 1 9
12	1 3 3
13	10 4
14	1 1 12
15	2 4
16	6 1
17	17
18	7 9
19	3
20	2

+

A10 (20×20)

Row clues (left → right):

Row	Clue
1	2 2 1 1 2 1
2	2 2 1 1 2 1
3	2 2 1 1 1
4	2 2 1 1 1
5	2 2 1 1 1
6	2 1 1 2 1 1
7	3 1 1 2 1
8	3 1 1 2 2
9	2 2 1 1 1 2 2
10	2 2 1 1 2 2
11	2 2 1 1 3 2
12	1 2 1 1 3 2
13	2 5 6 1
14	2 11 3
15	1 2 1 6 2
16	1
17	1 2 2 1 1
18	5 5 3 2
19	5 2 17
20	8 5 5

Column clues (top → bottom per column):

Col	Clue
1	4
2	9 2
3	11
4	8 1
5	4 5
6	3 8
7	2 5
8	1 7
9	4 5
10	4 2
11	3 8
12	3 2
13	2 4
14	2 10
15	3 4
16	2 1 3
17	1 3 2
18	4 2 8
19	1 1 12
20	2 3 6

A11

숨을 들이마시고 내쉬어요

난이도
★☆☆☆☆

20×20 그림 퍼즐 (네모로직)

열(세로) 힌트 — 각 열 위→아래:

열	힌트
1	13
2	6 2
3	2 4 2 2 1
4	1 1 2 2 2
5	1 1 4 3
6	1 7 3
7	4 2 4
8	4 2 2
9	2 16 2
10	6 2
11	7 2
12	12 2
13	3 4
14	7 3
15	2 3 3
16	1 2 2 3
17	1 2 5 4 2
18	2 1 1 4 1
19	3 1 6 2
20	1 14

행(가로) 힌트 — 각 행 왼쪽:

행	힌트
1	3
2	3
3	3
4	5 3 5
5	3 5 2 3
6	2 6 2
7	2 4 2 2 2
8	2 6 2 2 2
9	2 2 1 4 2
10	2 4 1 6 2
11	1 2 1 1 1 2 1
12	1 1 1 1 1 5 1
13	1 3 1 1 1 2 1
14	1 2 1 1 2 2 1
15	1 3 1 1 2 2 1
16	1 1 1 2 1 1 1 1
17	1 2 2 1 1
18	1 3 4 1
19	2 14 2
20	20

A12

삐익~!

난이도
★☆☆☆☆

20×20 그림 퍼즐 (네모로직)

열(세로) 힌트 — 각 열 위→아래:

열	힌트
1	12 3
2	11 6
3	10 3 4
4	9 2 3
5	8 2 1
6	2 5 6 2
7	1 2 3 2 2
8	1 1 3 4 2
9	4 3 3
10	3 3 1
11	2 5 2 2
12	1 3 2 3
13	1 2 1 3
14	1 1 1 3
15	1 1 1 3
16	3 1 2 3
17	3 1 2 3
18	4 1 2 4
19	2 4 2 4
20	3 8 5

행(가로) 힌트 — 각 행 왼쪽:

행	힌트
1	10 4
2	8 10
3	7 3 3 1
4	6 2 3
5	6 1 1
6	5 2 8
7	5 1 2 2
8	5 1 1 1
9	4 3 2 1
10	3 5 1 1
11	2 2 5 1
12	1 2 4 1
13	1 3 2
14	2 2
15	2 4 2
16	2 9 1
17	3 3 3
18	3 3 10
19	3 3 11
20	4 12

A13

이탈리아의 국화예요

난이도
★☆☆☆☆

20×20

Column clues (top → bottom):
```
                2                             2
                3                       2 1   1
        2 1 2 4 1         2       2 1 2   2 2
        2 3 2 1 1 1 2     2 2 9 5 1 2 2 4 2 4
5       2 2 1 2 2 8 2 7 2 4 3 5 2 1 2 2 3 5
5 6 2 1 3 5 1 1 4 8 2 1 2 4 3 3 1 6 7 3
```

Row clues:

			3	3
		2	3	2
		4	1	4
2 2	1	2	2	
1 2	1	2	1	
1 1	1	2	2	
3 2 2	1	5		
	5	6	2	1
	1	6	4	1
	1	1	2	5
		2	3	7
	6	2	3	2
		3	8	1
1 2	3	3	2	
1 2	1	2	4	
2 2	1	1	3	
	4	2	2	3
		2	2	7
		6	4	3
				12

A14

딸랑딸랑

난이도
★☆☆☆☆

20×20

Column clues (top → bottom):
```
                2           2                    1 1 1 2 1
            2 1 1 1 1 3 2 1 2 2 2 2 2
3 3 4 5 2 4 3 4 4 3 2 2 3 4 6 3 4 3 3
6 6 12 7 4 7 9 2 1 1 1 1 1 1 2 6 5 3 3 8
```

Row clues:

			4
		2	2
	2	2	7
	1	6	3
	3	2	2
		6	5
		2	2 8
1 1	5	2	
	2	3	1
1 3	3	1	
1 2	4	1	
1 3	5	1	
1 2	4	1	
2 2	2	1	
4 2	3	2	
4 2	2	1	
		7	4
		7	3
		8	4
			15

A15

국물을 뜰 때 사용해요

20×20

Column clues (top, each column top→bottom):

Col	Clues
1	1 7
2	2 2 3
3	1 1 1 2
4	1 2 1 3
5	1 1 3 1
6	3 1
7	1 3 1
8	1 3 1
9	1 3 1
10	1 1 2
11	1 3 3
12	3 2 5
13	3 3 4
14	3 1 2 4
15	3 3 4 1 3 1 4
16	2 3 1 1 4
17	2 1 1 2
18	1 1 1 3 2
19	1 1 2 2
20	3 1 1 2

Row clues (left, top→bottom):

- 4
- 2 1
- 2 2
- 1 2
- 1 2
- 2 1
- 1 2
- 2 1
- 13 6
- 1 1
- 1 2
- 10 1
- 2 2 2
- 2 6 1 1
- 1 8 6
- 1 6 1 3
- 1 5 2
- 2 3 4
- 3 11
- 11 4 3

A16

수업을 열심히 들어요

20×20

Column clues (top, each column top→bottom):

Col	Clues
1	4 3
2	2 2
3	6 3 1
4	3 4 2
5	2 4 8
6	2 3 7
7	2 1 4 1 2
8	1 2 3 1 2
9	2 1 1 4
10	1 4 3
11	1 5 2
12	2 4 2 1 2
13	4 2 5
14	5 1 2 4
15	2 3 4
16	5 4 4
17	4 4 3
18	3 3 3
19	4 5 3
20	2 5 3

Row clues (left, top→bottom):

- 3
- 4
- 6 4
- 3 2 4
- 2 5
- 2 1 5
- 3 1 2 4 5
- 3 3 4 4
- 2 2 4 3
- 2 1 5 2
- 1 10 1
- 11
- 5
- 5
- 1 5
- 1 3 6
- 4 12
- 2 4 7
- 8
- 9

A17

일상생활에서 많이 쓰는
공구 중 하나예요

난이도
★☆☆☆☆

20×20

Column clues (top, read top-to-bottom):

									1						1	1				
		1	2	1		3	2	2				1	1							
	3	2	2	2		2	1	6	3			1	1	1						
4	2	2	2	2	6	3	4	1	3	4	1	1	2	4	3	4	4	5	5	4
5	5	5	5	5	4	2	1	7	4		4	3	2	3	5	5	5	5	5	5

Row clues (left):

			3
		2	3
		3	3
	1	4	2
	2	2	1
	2	2	6
2	2	1	3
		2	11
		4	6
	1	1	5
	1	1	4
	1	1	3
	1	2	2
		2	1
			3
	5	4	9
	6	4	8
	6	5	7
	7	5	6
	8	3	6

A18

머리를 보호해요

난이도
★☆☆☆☆

20×20

Column clues (top, read top-to-bottom):

		2			2		1						1	1					
		2	2	1	4	1	4	5	4	3	3	3	2	2	2				
	5	2	4	2	2	5	4	5	2	3	3	3	1	2					
7	3	2	2	4	2	4	2	1	5	3	3	2	1	2	2	2	9	3	
1	2	2	3	6	3	2	2	2	1	1	1	4	1	1	3	3	3	2	1

Row clues (left):

					8
				3	8
			2	7	2
			2	5	1
			1	5	2
			2	4	9
			3	2	10
			3	1	1
	1	2	2	2	1
1	4	4	1	1	1
1	4	2	1	1	2
		2	2	2	1
			1	4	2
		2	2	2	3
			6	2	3
			2	6	1
				1	6
				3	2
				8	1
					14

A19

어렸을 때 많이 먹었던 사탕이
에요

난이도

★⯪☆☆☆

20×20

Column clues (top):

										2		1			1	1	2					
								2		3		2			2	1	2					
						3	3	1	1	3	2	4	2	2	2		2	3				
			1	1	8	3	3	1	3	2	4	4	2	2	2	3						
	7	7	4	3	3	2	1	5	2	1	2	1	1	2	3	2	1	2				
6	8	2	2	1	1	1	1	2	5	5	3	2	2	3	2	12	6	9	5			

Row clues (left):

				8
	2	1	3	
	1	2	2	
	3	4	1	
1	4	3	2	
	1	3	5	
	4	3	4	
2 1 1	2	5		
2	1	2	8	
2	1	1	7	
3	3	2	3	
4	1	2	2	
	6	4	5	
3	3	4	1	
	2	3	1	
	2	5	3	
		2	8	
		3	6	
		3	4	
			8	

A20

햇빛을 가려줘요

난이도

★★☆☆☆

20×20

Column clues (top):

											2					
						3		1	2		2					
			5	5		4	1	2	1	2	2	3				
	4		5	6	5	4	1	4	2	1	1	1	1	1		
	4		5	2	4	2	2	2	1	1	1	3	2	2	1	1
4	7	18	11	11	12	3	2	1	1	1	5	3	3	3	2	1	2	2

Row clues (left):

		6
		10
9	2	
8	1	
7	6	
5	3	1
4	3	2
2	3	3
1	4	4
5	6	1
4	3	1
4	1	2
5	1	1
7	2	
6	1	
6	4	
6	1	
7	4	
8	4	
		15

A21 입술에 발라요

25×25 Nonogram puzzle

Column clues (top):

| | | | | 8 | 4 2 2 | | | 4 1 2 | | | | 5 | | | | | 3 6 1 | 9 1 | 9 2 | 2 3 2 | | 8 3 | 2 2 | | | |

Full column clue values (bottom two reference rows): 7 11 16 6 4 / 4 7 5 16 3, then 1 2 2 1 / 2 7 1, then 4 7 / 7 5, then 7 1 2 2 9 / 5 5 7 9 6, then 1 1 1 3 12 / 4 2 1 2 3, then 2 5 7 4 2 / 1 4 7 7 6

Row clues (left):

- 3 6
- 6 8
- 11 4
- 15 3
- 5 13
- 6 4 6 1
- 3 3 12
- 5 4 9
- 4 8
- 4 3 4
- 3 4 2
- 3 7
- 3 6
- 3 4 2
- 2 6 2
- 3 1 5
- 5 1 3 3
- 2 12 2
- 9 3 3
- 5 1 8 3
- 3 12 4
- 4 12 5
- 5 8 7
- 10 2 4
- 2 3

A22 리더는 이 무게를 견뎌야 해요

난이도 ★☆☆☆☆

25×25

												1												
											2	3												
							2				3	3	7	2										
				2	3	8	4			2	2	1	2	2			2							
				3	4	2	2	2	2	2	4	2	4	2	2	2	4	8	3	2	2			
	1	4	3	1	1	1	1	1	1	1	1	1	1	1	1	1	2	2	3	3	1	4	1	
	7	4	1	2	1	1	1	1	1	1	1	1	1	1	1	1	4	3	4	3	4	6	7	
4	2	4	10	2	3	3	4	4	4	4	4	4	4	4	4	4	4	3	3	2	5	4	2	4

							2
						1	2
							4
							2
					3	3	3
		3	3	1	1	3	3
1	1	2	2	2	2	1	1
	3	2	2	1	2	2	4
				4	5	3	10
			1	6	3	5	1
				1	5	3	1
			1	2	3	1	2
				1	2	2	2
			4	2	5	2	4
	1	1	2	3	2	1	1
						3	3
					2	10	2
					5	3	1
						1	14
						5	4
						2	3
					2	11	2
					2	15	2
							23
							23

25×25

열 힌트 (위에서부터)

3	1			2				7	9	6		3	3		2			6		1	3	7		
3	6		3	4	1	8	11	2	1	3	5	2	3	2	1	3	4	3	11	5	3	5	7	2
2	6	19	5	1	12	3	5	2	1	1	1	1	2	2	2	5	2	1	2	3	6	5	4	5
12	6	4	8	4	2	1	1	1	1	3	10	1	1	1	1	3	8	5	3	1	1	1	2	6

행 힌트 (왼쪽부터)

행	힌트
1	6 11 3 1
2	1 3 14 2 1
3	1 2 9 4 3
4	2 7 4 2
5	2 8 3 3
6	3 7 1 1 3 3
7	3 6 2 5 3
8	3 4 1 3 2 3 2
9	3 3 1 2 1 1 2
10	1 2 1 1 1 1 2
11	1 2 1 2 2 1
12	5 3 3 2 1
13	3 1 1 4 2 2
14	3 2 2 2 2
15	3 1 7 2
16	3 2 1 2 3
17	3 2 1 1 4
18	1 2 5 3 3
19	1 2 1 1 1 2
20	2 1 1 1 2 3
21	2 1 1 1 2
22	5 1 1 1
23	5 2 2 1
24	6 1 2 2
25	11 6

25×25 노노그램 퍼즐

세로 힌트 (열)

								6	6															
						6	6	1	1			6	7											
					6	1	1	1	1	6	1	1												
				6	6	2	1	1	3	1	1	1	2	7				10						
		7	7	4	1	2	1	3	1	2	2	2	1	1	9	8		15	1	8	6	3		
4	8		3	5	2	2	2	1	2	1	1	1	2	1	3	3	1		1	1	1	1	1	1
6	9	23	10	7	2	1	1	1	1	1	1	1	2	2	4	7	9	23	2	1	1	1	1	1

가로 힌트 (행)

행	힌트
1	8
2	14
3	17
4	19
5	20
6	21
7	6 8
8	5 16
9	3 3 7
10	5 4 10
11	5 6
12	4 4 9
13	1 1 1 2 2 5
14	1 1 1 2 2 4
15	1 1 2
16	2 2 2
17	4 3
18	5 5 8
19	6 3 3
20	5 2 10
21	5 3 6
22	5 5 4
23	6 4
24	4 3 2 4
25	4 7 5

A25 잘 자라라~

25×25 노노그램 (Nonogram)

세로(열) 힌트 — 열 1~25

열	힌트(위→아래)
1	4, 6, 4
2	2, 2, 3, 5
3	2, 2, 2, 5
4	2, 2, 2, 5
5	4, 2, 4
6	2, 1, 3
7	2, 1, 5
8	4, 8
9	7, 9
10	8, 1, 6
11	6, 2, 2, 6
12	5, 1, 3, 6
13	4, 7, 6
14	3, 1, 6
15	3, 2, 1, 6
16	2, 3, 2, 9
17	1, 2, 5
18	1, 3
19	4, 1, 6
20	2, 4
21	2, 9
22	3, 6
23	4, 7
24	13
25	9

가로(행) 힌트 — 행 1~25

행	힌트(왼→오른)
1	3, 6
2	14
3	2, 11
4	1, 2, 9
5	1, 2, 4, 1
6	2, 3, 2
7	2, 2, 1
8	1, 2, 1
9	1, 3, 2
10	1, 4
11	2, 3
12	2, 3
13	2, 3, 3, 2
14	2, 5, 10
15	2, 2, 4, 6
16	5, 1, 5
17	3, 10, 5
18	5, 15, 3
19	16, 1, 2, 3
20	16, 2, 2, 2
21	17, 1, 2, 2
22	11, 2, 1, 2
23	1, 2, 1, 1
24	1, 2, 1, 1
25	1, 2, 1, 1

난이도 ★☆☆☆☆

25×25

Column clues (top):

														2				1						
									2					3				3						
							1	2	1	3				1	1	3								
							2	1	1	1	3	4	3	2	2									
			2	2			1	1	1	2	2	1	3	1	1	2	7	6	4	7		3	2	
	15	10	2	2	1	1	4	2	1	1	3	2	2	4	1	1	4	2	1	6		5	4	
15	2	3	9	3	2	2	3	7	6	1	2	4	2	4	3	3	1	4	7	3	1	5	2	2
3	1	2	3	1	2	11	10	1	1	2	2	3	8	4	1	2	4	1	1	1	3	13	5	3

Row clues (left):

- 2 4
- 2 5 3 3
- 2 5 3 4
- 2 5 2 3
- 2 9
- 3 14 1
- 3 5 4 2
- 3 2 7 5
- 5 3 3 2 4
- 4 3 1 3 2 2
- 4 3 2 2 2 2
- 4 3 4 2 2
- 5 8 6
- 6 2 4
- 4 2 2 7 2
- 1 10 2 3
- 2 4 5 2 3
- 1 1 4 3 1 3
- 2 1 4 2 1 1 3
- 2 2 4 2 1 5
- 1 2 4 2 2 1
- 8 3 1 2
- 2 1 4 1
- 3 3 6
- 7

25×25

Column clues (top, rows 1–6 from top)

C1	C2	C3	C4	C5	C6	C7	C8	C9	C10	C11	C12	C13	C14	C15	C16	C17	C18	C19	C20	C21	C22	C23	C24	C25
										5	5													
					5	5	4			1	1	5	6											
					1	1	1	4	4	1	3	1	1				9	1	2					
		7			3	3	2	3	3	3	2	3	1	6	13	10	3	12	10					
	2	1	1		3	1	2	1	4	2	2	1	2	2	9	4	2	3	1	1				
12	18	2	21	11	5	2	4	5	2	2	1	2	2	2	2	2	5	1	2	5	23	23	20	15

Row clues (left)

				11
				19
		2	15	3
		1	17	3
		6	10	3
		6	7	4
			5	10
		7	4	10
			4	10
		8	4	9
4	2	2	2	6
4	2	2	1	6
	4	1	1	6
		4	2	7
		5	4	8
	5	4	3	5
6	2	1	1	4
	7	2	2	4
		5	7	9
	4	3	2	4
	4	3	2	4
		8	2	4
		6	3	4
	4	4	4	4
	1	2	6	5

A28 + A29 눈 깜짝할 사이에 가져가요

25×25

Column clues (left → right):

Col	Clues
1	8, 2
2	3, 3, 2
3	6, 2, 2
4	8, 4
5	9, 3
6	12, 2
7	13, 2
8	15, 1
9	16
10	17
11	18
12	16, 2
13	15, 2
14	14, 2
15	12, 3
16	11, 3
17	13, 2
18	14, 2
19	15, 2
20	14, 2
21	13, 2
22	1, 10, 2
23	2, 7, 2
24	1, 7, 2
25	3, 6, 2

Row clues (top → bottom):

Row	Clues
1	11, 1
2	13, 1
3	14, 3
4	18
5	16
6	17
7	18
8	20
9	20
10	21
11	22
12	15, 8
13	1, 12, 9
14	1, 11, 8
15	1, 8, 7
16	1, 5, 5
17	1, 2, 4
18	1, 2, 2
19	2, 2
20	1, 2
21	2, 2
22	2, 1
23	2, 2
24	7, 10
25	8, 10

+

25×25

Column clues (top):

Col	1	2	3	4	5	6	7	8	9	10	11	12	13	14	15	16	17	18	19	20	21	22	23	24	25
				1	1																				
			1	2	1	2	2	1	2		8	13	8					2	7					6	
	5	6	2	1	1	1	4	2	1	8	8	4	4	5			1	2	2	13		14		6	6
	2	2	2	2	2	2	2	2	2	2	5	3	1	4	3	5	2	1	2	2	16	4	25	3	3

Row clues (right):

3	4				
3	5				
2	5				
2	6				
2	6				
2	6				
3	6				
3	6				
2	5				
3	5				
4	5				
4	4	4			
4	3	5	5		
2	3	3	2	3	
2	2	2	4	1	2
2	9	1	2	2	
3	2	4	1	2	2
6	4	4	2		
1	3	2	2		
1	1	2			
2	1	1			
1	1	2			
3	4				
12	4				
12	4				

A30 쟁기나 고삐를 묶어 매어요

난이도 ★⯪☆☆☆

25×25

세로 힌트 (열, 왼쪽→오른쪽)

열	힌트
1	4 2 6
2	3 2 2 4
3	2 1 3 2
4	2 4 5
5	3 3 9
6	2 2 2 4 6 4
7	2 3 11 3
8	2 2 2 1
9	2 2 1
10	5 2 2
11	2 8 2 1 2
12	5 3 2 2 2
13	3 2 4 2
14	2 10 3
15	2 1 7 3
16	2 3 4
17	1 3 4
18	3 2 3
19	6 4
20	2 7
21	2 3 1 2
22	1 5 6
23	2 2 15
24	2 2 15
25	3 3 15

가로 힌트 (행, 위→아래)

행	힌트
1	9
2	4 12 4
3	7 2 8
4	2 3 2 4 1
5	1 1 2 1 2
6	2 1 1 2 2
7	4 2 5
8	5 2 5
9	6 2 4 2
10	4 2 4 2 3
11	3 9 1 4
12	4 3 2 4
13	3 2 1 4
14	2 1 2 1 4
15	2 1 2 2 3
16	2 1 2 1 3
17	2 6 2 2 3
18	12 1 3
19	2 5 3
20	1 4 4 2 4
21	1 3 2 2 4
22	2 1 3 4
23	2 8 4
24	3 5 4
25	3 4

A31 위이이잉~

난이도 ★★☆☆☆

25×25

열 힌트 (Column clues)

row	1	2	3	4	5	6	7	8	9	10	11	12	13	14	15	16	17	18	19	20	21	22	23	24	25
1								2	1																
2			5	5		5	6	4	3	1								5			1	1	1		
3		5	2	1	5	5	2	1	2	2	4	2	9	7	2	3	2	1	3	1	2	2			
4	5	4	3	2	1	2	3	2	1	1	1	2	6	13	1	1	4	1	2	2	1	1	1	3	7
5	3	4	5	6	7	5	4	4	2	4	1	4	7	3	4	9	3	5	11	6	2	1	2	4	2

행 힌트 (Row clues)

row	clues
1	25
2	9 8 2
3	8 6 1
4	8 5 1
5	8 5 2
6	2 4 2
7	1 3 3
8	4 2 2 3
9	2 5 2 2
10	1 2 1 2 2 6
11	1 3 2 1 2 3 2
12	2 2 2 7 2
13	5 5 2
14	8 1 4
15	5 9
16	2 13
17	2 3 1 8
18	2 1 3 7
19	1 1 1 1 3
20	2 1 1 1 1
21	2 1 1 1
22	1 1 1
23	2 2 1
24	1 1 1
25	1 1 1

25×25

Column clues (top):

					3														5	6	6			
					2		3	4		4						9	5	4	1	3	6	6		
				3	1	3	5	1	4	1	6			9	5	4	1	3	6	6				
		9	4	1	2	5	4	3	2	3	4		7	4	9	1	1	2	3	1	6			
		5	2	7	3	2	5	1	5	5	2	3	6	4	1	1	1	2	1	2	1	3	14	10
7	11	4	2	3	4	1	1	3	3	2	4	1	7	2	1	2	1	2	1	2	7	5	5	4

Row clues (left):

- 8
- 13
- 19
- 21
- 23
- 4 4 7
- 4 5 3 5
- 4 4 2 2 3
- 4 3 2 4 2
- 2 1 3 1 2 2 2
- 2 1 4 1 2 3 2
- 2 2 2 2 2
- 2 1 2 3 2
- 3 1 1 2 1 2
- 2 1 1 6 2
- 5 2 4 3
- 13 3
- 11 4
- 1 2 1 4 1
- 4 1 1
- 2 4 3
- 2 1 2 5
- 2 2 1 3 3 3
- 3 4 3 3
- 8 3

25×25

(네모로직 / Nonogram puzzle)

세로 힌트 (열):

		3									3	1	1	2	1							
		2		3	3		4		5		2	1	2	1	1							
	3	1	3	1	1		2	4	2	5	1	1	1	1	3	1	2					
9	4	3	5	3	3	4	1	5	2	3	2	1	1	1	2	3	3	1	1	2	2	
8	2	1	1	2	1	3	6	1	3	2	1	2	2	2	2	5	1	2	2	4	6	3	3	7
3	3	2	1	2	2	1	5	3	4	1	2	1	4	3	3	2	1	2	3	3	3	3	3	3

가로 힌트 (행):

5
9
9
2 7
1 4
4 2 3
1 2 2 1
1 4 2
1 2 2 4 4
1 4 4 2
2 3 3 2
2 2 1 5 1 1
2 2 1 1 1 1
3 1 7 1 1
1 1 1 1 2 1
1 1 1 5 2 2
1 2 3 1 5
2 1 7 2 2
4 5 2 1
3 3
7 2
2 2 2 2
4 3 3 8
3 6 6 7
2 3 2 2 2 2 6

A34 어두운 곳을 밝혀줘요

20×30

Column clues (top):

	9	7	5	4		2		3				1	1	1					
11	3	7	12	16		3	14	16	6	2	1	1	2	1	1	2	2		
13	9	6	3	3	1	26	19	1	2	1	5	4	4	2	2	2	4	10	4
14	2	3	2	2	2	2	2	3	2	3	3	1	1	1	1	1	1	1	21

Row clues (left):

- 20
- 12 3
- 8 2 1
- 7 1 1
- 5 1 1 4
- 4 2 1 3 3
- 4 5 3 4
- 3 15
- 3 12 2
- 2 8 2
- 2 9 2
- 1 8 2
- 1 9 2
- 8 2
- 1 8 2
- 1 7 1
- 2 6 1
- 2 5 1
- 3 5 1
- 3 5 1
- 3 3 1
- 4 3 1
- 4 2 1
- 5 4 1
- 2 1 1 2 1
- 1 3 1 2
- 1 2 3
- 3 7
- 10
- 7

20×30

열 힌트 (Column clues)

1	2	3	4	5	6	7	8	9	10	11	12	13	14	15	16	17	18	19	20
				2															
	3			2	3	3	2					3	3	2	1		3		
	5	1		1	3	3	7					4	8	4	3	2	1	5	
	5	1	2	1	4	5	4					4	3	2	2	3	1	2	8
20	5	6	4	3	1	1	1	2	1	2	4	1	1	1	2	2	4	9	20
1	1	1	1	1	1	1	6	22	19	17	1	1	1	1	1	1	1	1	1

행 힌트 (Row clues)

				20
	9	4		5
3	2	2		4
		2		3
		2		4
	1	1	1	2
1	2	1	2	2
1	3	2	2	2
2	4	2	1	1
	3	3	5	1
	2	2	3	1
3	1	3	3	2
2	1	2	3	3
	1	3	5	3
1	2	4	1	2
	3	6	2	2
	3	5	2	3
		5	7	3
		4	6	4
		5	4	5
			3	8
				7
				3
				3
				4
				20
				4
				4
				4
				4

20×30

Nonogram puzzle grid (20 columns × 30 rows).

Column clues (top, read top-to-bottom per column):

C1	C2	C3	C4	C5	C6	C7	C8	C9	C10	C11	C12	C13	C14	C15	C16	C17	C18	C19	C20
								1		1									
								2		2									
								1		1									
								1		1									
								1		1									
							1	1	1	1	1				2	3			
							3	1	2	1	3		16	9	2	2	3		3
5	7	12	15	19	21	1	1	16	1	1	21	1	3	6	10	8	6		2
6	3	2	1	1	2	2	2	2	2	2	2	2	2	1	1	2	2	7	2

Row clues (left, read left-to-right per row):

Row	Clues
1	7
2	1 1 1
3	9 1
4	9 2
5	3 3 3
6	2 1 2 4
7	3 3 3 3
8	3 1 3 1 1
9	3 1 3 1 1
10	4 3 4 1
11	4 1 4 1
12	4 1 3 2
13	4 3 3 1
14	4 1 3 1
15	5 1 3 1
16	5 3 2 2
17	5 1 2 3
18	5 1 2 3
19	5 3 1 4
20	5 1 1 4
21	17
22	1 1
23	1 1
24	1 2
25	2 1
26	1 1
27	1 1
28	2 1
29	20
30	3 9 4

난이도 ★☆☆☆☆

30×20

A38 구구구구

난이도 ★☆☆☆☆

30×20

Column (left to right)	Clue
1	5 4
2	2 3
3	5 2
4	4 13
5	3 8
6	2 6 3
7	1 3 4
8	6 3 2 2 3
9	5 2 2 1 5
10	5 2 1 7
11	5 1 10
12	5 1 9
13	5 1 11
14	6 2 14
15	7 19
16	3 1 19
17	6 2 19
18	5 2 20
19	6 21
20	30

Row (top to bottom)	Clue
1	13
2	13
3	13
4	8 4
5	8 4
6	3 2 1 2
7	2 2 1
8	1 2 1
9	2 2 1
10	1 1 2
11	1 1 3
12	1 2 4 6
13	3 3 8
14	3 2 7
15	2 2 6
16	1 2 2 6
17	1 1 1 7
18	4 1 7
19	6 7
20	1 3 1 8
21	3 2 1 8
22	2 12
23	3 1 10
24	3 13
25	4 11
26	2 1 12
27	1 1 12
28	14
29	13
30	13

난이도 ★☆☆☆☆

30×20

A40 흙 속을 돌아다녀요

난이도 ★☆☆☆☆

30×20

Column clues (top, left to right; each read top to bottom):

Column	Clues
1	30
2	12 6 5
3	10 2 3 4
4	9 2 1 1 1 2
5	9 1 2 1 2 1
6	8 4 4 1
7	10 5 6 2
8	8 20
9	7 18
10	1 1 1 1 1 1 1
11	4 2 1 1 1 1 1
12	2 3 1 1 1 1 1
13	4 1 2 1 1 1 2
14	2 1 2 2 1 2 5
15	1 3 2 4 1 3 2
16	1 1 1 2 1 4
17	1 2 2 1 5 2
18	4 3 2 4 2 1
19	2 2 4 4
20	7 4

Row clues (right side, top to bottom):

Row	Clues
1	9 3
2	9 2 2
3	9 2 4
4	9 1 1 2 1
5	9 1 1
6	9 2 1 1 1
7	12 2 1
8	8 1 2 1
9	5 1 1 2
10	3 1 2 2
11	2 1 1 4
12	3 1 5
13	1 2 5
14	1 6 2 1
15	1 4 3 2
16	1 8 1 3
17	1 5 6
18	2 2 7 2
19	3 2 2
20	3 11
21	3 3 2
22	2 14 2
23	2 4 2 4
24	1 8 2 2
25	1 5 2 1 1
26	2 2 3 1 1
27	3 2 3
28	3 2 2
29	4 3 1
30	9

A41 바닷속에 사는 아주 큰 동물이에요

난이도 ★☆☆☆☆

30×20

A42 짧은 다리와 긴 허리를 가지고 있어요

난이도 ★⯪☆☆☆

30×20

가로 힌트 (행, 위에서 아래로):

행	힌트
1	7
2	11
3	4 8
4	2 1 9
5	1 1 10 10
6	1 2 10
7	5 2 9
8	2 9
9	4 7
10	2 8
11	4 8
12	1 1 7
13	1 1 7
14	3 1 7
15	1 3 6
16	3 5 3
17	3 3 3 3 1
18	1 3 4 1
19	1 1 2 2
20	1 4 5
21	4 2 2 3
22	2 1 2 3
23	1 4 3
24	2 4 3
25	4 1 2 2
26	1 2 2 2 3
27	1 2 5
28	1 2 2 2 2
29	2 7 5 1
30	4 4

세로 힌트 (열, 왼쪽에서 오른쪽으로):

열	힌트
1	2 1 1 4 4 5 5
2	1 1 2 8 3 5 1
3	5 3 1 2 2 2
4	2 3 2 1 2 2 1
5	1 3 1 2 1
6	1 1 2 3
7	8 5 8 1
8	8 5 2 2 1
9	17 4 2
10	16 1 2 1 1
11	17 1 2 1 1
12	18 2 2 1
13	18 2
14	2 2 2 2
15	14 2 2 2
16	1 8 2
17	7 4 2 3
18	2 8 1
19	1 3 3 1
20	5 4

난이도 ★☆☆☆☆

30×30 네모로직 (Nonogram)

가로 행 힌트 (위에서 아래로):

행	힌트
1	1 1
2	2 2
3	1 4
4	1 7
5	14
6	15
7	10 1
8	7 2
9	4 1
10	1 3
11	1 5
12	5 7
13	18
14	1 15
15	2 11
16	3 8
17	6 7
18	1 7 4
19	1 9 2
20	2 10
21	4 6
22	5 2
23	3 4 1
24	3 6 1
25	5 9
26	7 7
27	8 5
28	10 2
29	9 3 4
30	10 12

세로 열 힌트 (위에서 아래로):

열	힌트
1	1
2	3
3	5
4	5
5	7
6	7
7	8
8	1 5
9	3 4
10	4 3
11	5 2 2 5 2
12	5 5 4 5 1
13	9 4 5 1
14	2 4 5 2
15	2 3 4 1
16	5 3 4 6
17	5 4 3 3 4
18	4 5 2 4 3
19	2 4 2 1
20	3 3 2 1
21	5 3 5 1
22	5 3 4 1
23	6 4 2 1
24	5 6 1 1
25	2 7 1 1
26	3 10 1
27	12 2
28	9 2
29	8 2
30	6 2

과거 혼례 때 머리에 썼어요

난이도 ★★☆☆☆

30×30

세로 힌트 (열)

열	힌트
1	1 5 2 3
2	5 1 5 1
3	2 7 1 11 1
4	1 1 1 2 5 1
5	2 1 2 3 2 2 2
6	1 2 1 1 3 2 1 2
7	3 1 1 2 4 1 3 4
8	1 1 1 2 2 1 3 2 3
9	3 1 3 1 3 2 3 2
10	1 3 1 3 3 2 2 1
11	1 3 1 2 1 2 2 2
12	1 1 4 1 2 2 2 1
13	3 3 1 1 2 1 3 2 1
14	1 2 5 2 2 1 2
15	1 1 1 1 1
16	6 1 2
17	6 6 1
18	4 8 2
19	4 8 2 1
20	9 1 2
21	5 6 6
22	8 5 3
23	11 1 1
24	21
25	10 7
26	6 4 2
27	6 4 2
28	4 3 1
29	1 2 1
30	4

가로 힌트 (행)

행	힌트
1	5
2	2 2 4
3	2 1 4 2 3
4	1 4 2 2 1
5	3 6 6
6	2 2 6
7	14 6
8	2 1 1 1 1 7
9	4 3 3 1 5
10	1 3 4 4
11	3 8 4
12	18 3
13	3 1 1 1 6 4
14	2 1 1 1 5 4
15	2 1 1 1 1 5 3
16	2 3 3 4 3
17	2 5 4 4 5
18	3 2 10
19	1 2 5
20	4 6 1 7
21	5 4 5 1
22	1 4 1
23	1 1 2 2
24	2 1 9
25	1 3 1 9
26	2 5 1 8
27	2 3 2 1 5
28	2 3 1 3
29	5 3 2 4
30	13 2 7

30×30

Row clues (left to right, top to bottom):

- 3
- 2 2 5
- 2 4 2 2
- 2 4 1 4
- 1 1 4 4
- 2 11
- 3 2 6
- 2 1 1 5 2
- 1 2 1 4 1
- 3 3 4 2
- 2 5 4
- 2 3 2 2
- 8 2 1
- 5 3 2
- 4 3 5
- 4 3 7
- 3 6 4 2 1
- 2 10 4 2 2
- 1 8 5 1 1
- 1 3 4 3 1
- 3 2 5 5 2
- 1 1 7 8 2
- 1 2 15 4
- 2 3 6 3 2
- 2 1 4 1 4 1
- 1 1 5 2 3 4 2
- 4 3 3 4 3 3 1
- 2 3 3 4 3 5
- 5 3 4 3 3
- 17

Column clues (bottom row, left to right):

8 4 1 6 3 1 5 6 6 1 4 4 5 1 4 4 4 5 1 5 4 4 1 6 6 6 1 3 6 7

30×30

열 힌트 (column clues):

col	clues
1	8
2	4
3	4
4	8
5	13 2
6	3 6 1
7	5 5
8	2 2 4 2 2
9	2 4 3 4 1
10	3 1 3 2
11	1 2 1 1
12	2 2 1 1
13	2 1 1
14	3 2 1
15	4 3 1
16	2 1 4
17	3 1 1
18	3 2 3
19	3 1 5
20	3 2 2 7
21	2 2 2 8
22	3 2 2 10
23	5 2 3 9
24	10 2 2 7
25	13 2 5
26	14 4
27	14 3
28	17
29	13
30	10

행 힌트 (row clues):

row	clues
1	4
2	10
3	14
4	6 6
5	1 4 6
6	2 3 6
7	2 2 6
8	2 2 7
9	1 4 9
10	6 2 8
11	3 1 7
12	2 2 2 7
13	1 2 1 6
14	1 2 1 6
15	1 1 2 7
16	1 3 3 2 5
17	1 4 6 6
18	1 4 6 2
19	1 1 2
20	1 1
21	2 1 2
22	5 6
23	10 7
24	8 6 7
25	7 7
26	2 4 7
27	1 2 6
28	1 1 7
29	1 2 6
30	1 2 7

B47 치얼스~

난이도 ★★☆☆☆

30×30

Column clues (top):

1	2																		2	1			1		1					
2	1	1	1			1		1									2	1	1	2	1	1	1	1	2					
1	2	2	1	1	1	1	1	2	2					2	1	1	2	1	1	1	2	1	4						
5	1	3	1	1	1	1	1	1	1	2			2	1	1	1	2	1	1	1	2	1	4						
6	2	1	3	3	1	1	5	1	1	2	2	3		2	1	2	1	2	3	2	6	1	1	1	12	7				
6	2	2	2	2	5	5	10	2	4	4	2	1	3	2	4	1	3	1	2	3	1	11	4	7	11	7	2	2	
2	2	1	1	7	2	5	1	2	3	3	3	4	3	8	3	3	2	1	2	1	3	2	1	4	1	6	2	1	2
4	3	2	2	2	2	2	2	2	4	2	3	4	4	4	4	4	4	3	3	4	2	2	2	2	3	2	3	5

Row clues (left):

1. 4 4
2. 4 3
3. 8 2 7
4. 3 3 5 2
5. 1 5 2
6. 2 3 4
7. 4 5 5 1
8. 2 8 7 2
9. 1 1 7
10. 1 5 2 3 2
11. 4 4 2 3 3
12. 2 5 2 4
13. 5 1 1 1 7
14. 1 10 14
15. 1 10 1 9
16. 2 7 2 8
17. 3 5 3 5
18. 5 7
19. 1 1 1 2
20. 1 1 2 1
21. 6 17 5
22. 6 17 5
23. 1 2 16 1
24. 1 1 7 1 4
25. 4 3 3 2 1
26. 2 3 2 2 3 1
27. 1 3 2 1 2
28. 2 2 1 4
29. 10 8
30. 8 5

30×30

(Nonogram puzzle, 30×30 grid)

Row clues (left):
- 4 4 6
- 2 13 2
- 1 13 1
- 2 5 2 2
- 2 2
- 5 6
- 2 5 2
- 1 3 2 1 3 1
- 1 7 5 2
- 1 3 1 1 2 4
- 3 6 2 2
- 2 8 6 2
- 2 2 1 1 2 2
- 1 2 2 2 2 2
- 2 1 2 2 2 1
- 1 2 5 6 2 2
- 2 1 6 7 1 1
- 1 2 1 1 2 1
- 1 8 9 1
- 1 8 2 2 1
- 1 2 8 1
- 1 2 2 2 1
- 2 2 2 2 8 1
- 1 2 2 2 2 1 2 2
- 1 2 2 2 8 2
- 2 2 2 2 2 1 2 2
- 2 2 2 1 2 2
- 2 2 8 2
- 7 7
- 30

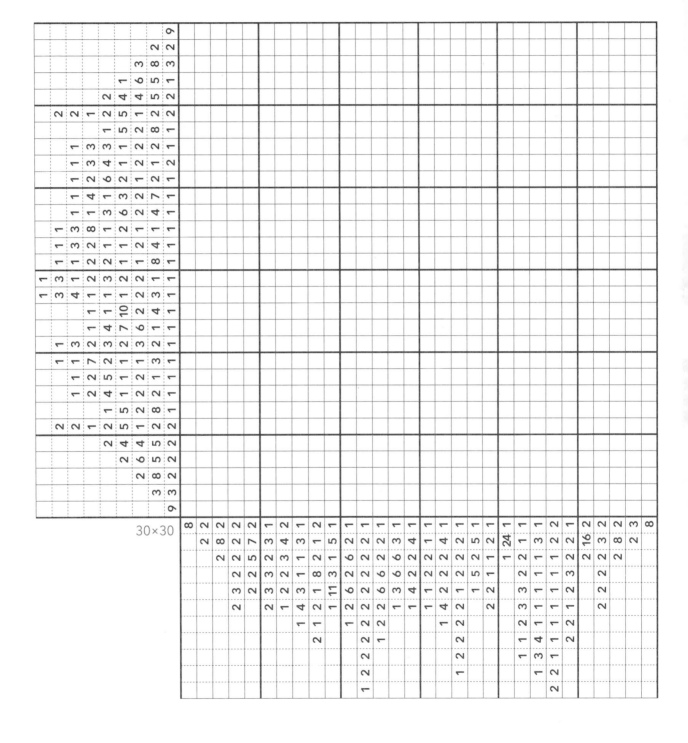

30×30

B50 치즈가 쭈욱 늘어나요

난이도 ★★☆☆☆

30×30

Column	Clues
1	4 10
2	2 2 4 3
3	2 2 10 2
4	1 4 6 3 1
5	2 2 2 6 2 2 2
6	1 1 11 2 1 1
7	1 4 2 2 2
8	1 1 2 11 2 1 2
9	1 1 2 8 1 1
10	5 12 3 1 1 1
11	2 1 1 3 7 1 1 1 2 1
12	2 3 3 1 1
13	3 12 2 1 1
14	1 2 12 2 1 1
15	4 1 2 1 1
16	2 12 2 1 1
17	2 4 1 3 2 1 1
18	3 1 1 2 2 3 2 1
19	1 1 2 1 1 2 1
20	1 1 3 3 1 1
21	1 2 2 1 1 1 1
22	1 1 2 3 1 2
23	2 2 3 2 2
24	1 1 3 3 1 1
25	2 2 3 2 2 2
26	1 2 2 1 2
27	2 2 3 2
28	2 6 2
29	2 3
30	10

Row	Clues
1	9
2	3 4
3	2 4 3
4	2 3 3 2
5	1 2 2 1 1 4
6	1 1 2 2 2 2
7	4 1
8	5 2 3 2
9	2 4 2 2
10	1 1 2 2 2
11	1 1 2 2 8
12	1 3 2 1 3
13	2 4 2 6 3
14	4 4 2 1 3 2
15	5 4 2 1 2 3 2
16	6 4 2 1 2 2 2 2
17	6 4 2 1 2 2 1
18	6 4 2 2 2 2 1
19	1 2 4 2 3 3 3 1 1
20	1 1 3 1 1 3 1 1
21	1 1 2 3 3 1 1
22	1 1 2 1 1 2 3 1 1
23	1 2 2 3 2 3 3 2 1
24	1 1 2 2 2 1 2 1 1
25	2 2 2 2 4 3 2
26	1 3 3 1
27	2 5 6 3
28	3 9 4
29	4 5
30	17

B51 금관 악기 중 높은 음을 담당해요

난이도 ★★☆☆☆

30×30

가로 힌트 (행)

			18	5
		17	2	3
	17	1	2	2
	17	1	5	2
	16	2	6	1
	16	2	6	2
15	3	4	2	1
15	4	2	1	2
14	2	2	2	4
13	2	3	2	3
12	2	4	1	3
11	2	6	2	3
	10	2	7	6
8	2	9	2	1
7	3	5	3	2
6	2	3	2	4
5	2	2	3	2
4 2	3	3	2	1
3 2	2	2	2	1
	3	4 3	3	2
1	3	2	1	4
	4	2	3	2
	4	4	5	2
	1	1	13	2
1	2	5	6	2
	5	5	3	2
	3	2	2	5
			2	1
			2	1
				3

(세로 힌트는 격자 상단에 표기됨)

B 52 + B 53　수학여행을 가면 친구랑 꼭 하는 게임이에요

30×30 네모로직 (Nonogram)

가로 힌트 (행, 위에서 아래로)

#	힌트
1	9 8
2	12 2 3
3	10 2 2 2
4	8 2 2 1
5	6 2 2 2
6	5 3 4 4 1
7	3 1 2 4 7 1
8	3 1 1 3 4 1 1
9	4 4 3 2 2 1
10	5 4 3 3 3 1
11	6 2 6 2 4 1
12	8 5 6 1
13	13 2 4 1
14	4 2 7
15	2 2 2 3
16	1 3 2 2
17	1 3 2 3
18	2 4 2 3
19	1 6 4 2
20	1 4 1
21	1 9 4
22	2 11 5
23	1 12 5
24	1 4 7 5
25	1 11 2 4
26	1 7 7 3
27	1 2 13 1
28	1 18
29	21 8
30	1 2 17

세로 힌트 (열, 위에서 아래로)

#	힌트
1	8 9
2	12 5 1
3	17 1
4	4 5 7 1
5	4 2 4 8 5 1
6	3 2 5 3 1
7	3 3 1 2 1
8	2 2 4 2 2 1
9	4 2 1 1 1
10	2 1 1 1
11	1 1 2
12	2 2 6
13	3 2 8
14	12 9 3
15	8 2 11
16	7 3 5 1 11
17	1 4 1 2 5 6
18	1 5 2 1 1 10
19	1 2 1 5 4
20	1 6 2 2 10
21	1 2 4 2 10
22	1 1 2 2 8 1
23	1 1 4 2 3 5
24	1 1 8 3 8
25	5 2 2 6
26	1 5 1 4 5
27	1 3 2 5 4
28	2 2 1 5 3
29	3 1 2 5 3
30	3 7 1 5 2

+

30×30 Nonogram

Column clues (left to right, top to bottom):

1. 5, 6
2. 2, 4, 3, 1
3. 1, 3, 2
4. 3, 2, 2, 3
5. 5, 1, 5, 2, 4
6. 4, 2, 1, 1, 2, 5
7. 4, 4, 2, 2, 2, 6
8. 2, 2, 2, 2, 9
9. 2, 2, 2, 2, 5
10. 4, 3, 2, 1, 5
11. 4, 2, 5, 1, 4
12. 4, 2, 1, 2, 4
13. 2, 2, 2, 2, 4
14. 1, 5, 1, 3, 5
15. 10, 2, 2, 7
16. 6, 2, 2, 1, 2, 4
17. 3, 2, 2, 3, 1, 1
18. 3, 2, 4, 2, 1
19. 3, 2, 1, 1, 6, 1
20. 4, 2, 1, 1
21. 1, 1
22. 5, 4, 1
23. 6, 5, 1
24. 9, 8, 1
25. 7, 20, 1
26. 25, 1
27. 1, 17, 10
28. 2, 16, 10
29. 3, 13, 10
30. 4, 2, 7, 10

Row clues (top to bottom):

1. 1, 8, 6, 4
2. 1, 7, 11, 3
3. 1, 6, 13, 2
4. 1, 6, 3, 9, 1
5. 2, 3, 8
6. 11, 9
7. 10, 2, 8
8. 2, 2, 7
9. 4, 3, 1, 5
10. 3, 2, 5, 6
11. 2, 2, 2, 1, 2, 7
12. 1, 1, 2, 2, 9
13. 1, 1, 1, 4, 9
14. 2, 3, 2, 2, 9
15. 2, 2, 2, 1, 16
16. 3, 2, 1, 3, 2, 8
17. 2, 5, 1, 6
18. 2, 2, 1, 6
19. 2, 1, 4
20. 2, 2, 2
21. 2, 4, 6
22. 2, 5, 5
23. 7, 5
24. 2, 2, 5
25. 1, 2, 1, 5
26. 2, 5, 2, 5
27. 2, 12, 4
28. 2, 13, 4
29. 1, 14, 4
30. 30

B54 무릎, 허리, 팔꿈치

난이도 ★★⯪☆☆

30×30

행 힌트 (왼쪽, 위에서 아래로):

```
          7  3  4  2
          6  3  4  3
          5  3  4  2
          5  3  4  2
          4  3  3  2
          3  2  4  2
          3  1  3  3
          2  4  3  4
    2  2  2  1  2  6
       1  3  4  2  7
       1  5  3  2  8
             1 14  9
          1  5  6 10
       1  3  4  2 10
          1  2  2 11
       1  2  3  2 10
          2  3  9 10
       2  1  7  2  9
    3  2  4  1  2  9
       4  6  2  2  8
       4  2  2  2  8
       5  2  2  2  7
       6  2  2  2  7
       7  1  3  2  7
       7  2  2  2  6
       8  1  3  2  6
       8  2  2  2  6
       9  1  3  2  5
       9  2  2  2  5
      10  1  3  2  5
```

열 힌트 (위쪽, 위에서 아래로):

```
                                    2
                    1               2   1
            2   1   4   1   3               3
        1   4   3   2   1   2   2   3   2   1               5   4
    5   4   5   2   3   1   4   6   5   2   3   2   3   9   8   3   7   3   2   1
    9   7   5   7   3   2   2   3   2   4   5   4   3   2   7   5   6   5   4   9  11  14                   2   3   3   2
   30  14  12  11   9   8   7   5   3   1   3   3   3   2   8   4   5   5   3   1   4   4   2  18  22  26  22  19  16  12
```

30×30

Column clues (top, 5 rows × 30 columns):

c1	c2	c3	c4	c5	c6	c7	c8	c9	c10	c11	c12	c13	c14	c15	c16	c17	c18	c19	c20	c21	c22	c23	c24	c25	c26	c27	c28	c29	c30
			2	1	1	1		1					3		4														
2	1	1	5	1	1	1	1	2	3		3		3	3	4	8	2	2											
2	2	2	2	4	1	3	4	7	2	4	1	3	2	4	1	2	1	4											
1	2	1	1	1	2	1	1	1	2	2	3	7	1	1	1	1	1	1	2	3	4	4							
21	4	5	4	4	5	5	6	6	7	7	11	8	7	7	8	9	9	9	9	9	8	9	9	11	11	9	6	3	1

Row clues (left):

				3
			1	6
			2	7
		1	1	7
			1	14
	1	1	3	3
	1	1	4	3
	1	2	3	4
	1	5	3	2
1	1	2	2	1
1	2	2	4	2
1	2	7	2	1
4	1	3	1	1
3	1	3	1	2
	1	1	3	1
		1	1	1
		1	1	2
			1	11
		1	1	5
		3	2	7
	1	5	2	9
		1	6	11
		2	2	12
			1	18
			1	21
		2	16	5
			18	5
			18	5
			17	5
			15	5

B56 너무 세서 날아갈 것 같아요

난이도 ★★☆☆☆

30×30

가로 열쇠 (행 단서)

행	단서
1	7
2	4 3
3	2 5
4	2 1 2
5	4 3
6	2 1 3 3 4
7	2 2 2 2 2 5
8	2 3 3 1 2
9	3 3 3 2 1
10	2 3 2 1
11	2 2 3 2 1
12	1 1 2 2 1
13	2 2 4 2 2
14	3 2 2 2 2
15	3 3 2 4
16	11 5 7
17	2 3 2 2 13 2
18	1 2 4 5 14
19	1 6 3 2 4 9
20	1 3 3 2 2 7 4
21	2 4 3 2 12
22	9 3 3 7
23	2 4 3 3 3
24	1 2 2 3 3 3 3 3
25	1 3 3 3 2 2 2
26	1 5 3 2 3
27	2 3 2 3 4 2
28	6 1 3 5
29	7 2 1 8 1
30	1 11 3 11

세로 열쇠 (열 단서)

열	단서
1	2 15
2	2 3 3
3	4 3 2 3
4	4 2 2 3
5	2 1 4
6	2 1 5 4 2
7	4 1 1 4 3 2 1
8	2 1 1 1 3 3 1
9	1 1 2 1 2 3 3 1
10	2 2 2 3 3 1
11	1 4 1 4 4 1
12	2 1 3 6 3 2
13	1 1 1 2 4 3
14	1 1 6 6 1
15	2 1 9 4
16	1 2 1 3 7
17	1 2 2 13
18	1 2 4
19	3 3 1 3 2 4 6 3
20	1 1 1 5 2
21	2 2 1 1 6 2
22	1 1 1 7 2 2
23	2 2 2 2 1 2 1
24	2 3 7 1 1
25	3 1 1 7 1
26	4 3 7 1
27	2 3 2 4 4 1
28	9 1
29	16 2

B57 무슨 일이니?

30×30

Nonogram puzzle (30×30)

Row clues (top to bottom):
- 30
- 15 7
- 13 4
- 11 3
- 10 2
- 9 1 1 1
- 8 2 1 1
- 9 1 2 1
- 5 2 2 1 1 1 1
- 4 2 2 3 2 1 2
- 3 3 4 4 4
- 3 2 2 2 4
- 2 2 5
- 2 1 1 3
- 1 2 4 2 3
- 1 2 4 2 3
- 1 2 2 2 3
- 1 8 3
- 1 1 5 4
- 1 2 1 4
- 1 1 2 3 4
- 1 2 2 1 3 4
- 2 3 2 1 4 4
- 3 2 1 3 3 4
- 3 4 1 1 2
- 4 2 3 3 1 1
- 2 7 6 1 1 1
- 1 1 1 7 1 1 7 3
- 1 1 1 8 1 1 11
- 30

Column clues (left to right):
- 30
- 14 5 1
- 12 3 3
- 10 1 1
- 9 3
- 8 2 1 5
- 8 9 4
- 9 1 4
- 6 3 2 4
- 5 2 3 2 4
- 4 2 4 6
- 3 3 5 9
- 2 3 3 6
- 2 4 2 2
- 2 1 2 1
- 1 1 3 3
- 1 3 1
- 1 2 2 5 3
- 2 1 5 2 1
- 1 1 2 5
- 1 1 2 2 4 4
- 1 2 3 4 4
- 1 3 2 10
- 2 2 2 1 4
- 2 2 2 2 3
- 2 3 3 4
- 2 6 2
- 3 4 4
- 4 14 4
- 5 16 3
- 30

B 58 햇살이 강해 눈을 보호해요

난이도 ★★★☆☆

30×30

										1		1		2	1														
										1	2	2	2	2	1			2											
										1	4	1	3	2	1			2											
										1	2	3	3	2	2	7		3	9	8						5			
				2		2	1	1	10	1	2	2	2	1	2	2	6	1	2	2						1			
		3	8	1	1	1	3	2	1	1	1	1	2	3	2	2	3	1	1	1	7			12	11	1	1		
	4	6	2	5	4	2	4	4	1	1	4	3	2	1	2	2	6	3	4	4	2	10	13	1	2	3	1		
8	6	2	2	4	7	6	5	5	4	4	2	2	2	2	2	1	2	2	2	2	2	9	3	4	4	2	2	2	
2	2	2	3	8	3	2	2	2	2	2	1	2	2	2	3	4	2	1	1	1	9	4	1	1	1	2	1	2	12

					12
		4	1	2	7
	3	2	1	3	5
		2	3	4	9
			1	6	12
4	1	1	3	2	7
	2	2	4	3	8
			9	4	9
	1	3	7	4	5
		4	4	7	5
		5	2	2	5
	1	1	3	5	4
1	2	2	4	4	4
				8	7
			3	10	4
	2	2	2	10	3
2	2	5	4	4	1
2	1	8	4	2	4
		2	6	9	1
3	4	6	1	2	1
	2	4	4	4	1
	2	2	2	3	1
	2	1	1	1	1
	3	6	2	2	1
1	2	4	3	1	1
	1	2	3	1	1
	2	3	3	2	2
		2	8	1	4
		4	6	5	1
		2	6	1	1

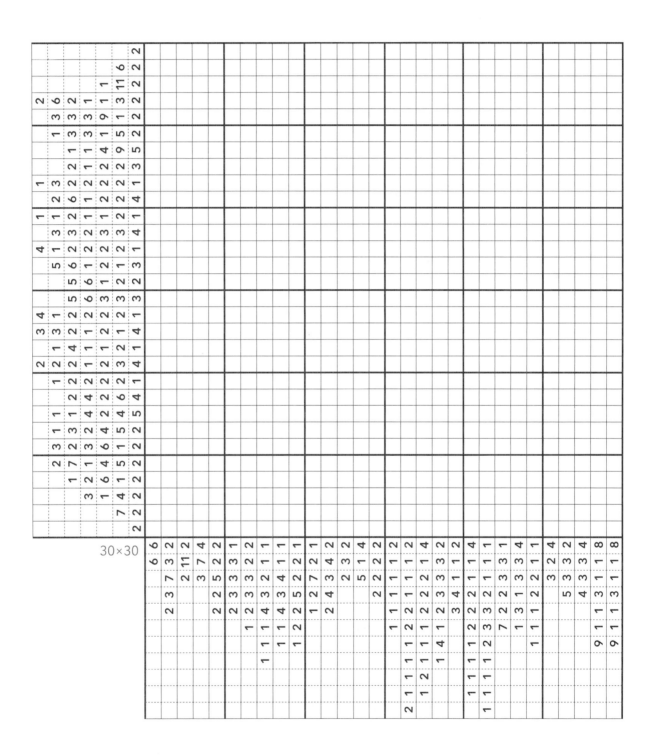

30×30

B60 그릇을 깨끗이 닦아요

난이도 ★★★☆☆

30×30

Column clues (top to bottom):

Column	Clues
1	17 3
2	5 5 3
3	3 4 3 3
4	2 3 2 2 4
5	2 3 5 2 3
6	1 5 2 2 2 2
7	1 7 1 3 2 4
8	1 1 5 1 1 2 2 5
9	1 2 7 1 1 1 1 3
10	1 4 6 2 2 7
11	1 4 3 1 3 4 1
12	1 4 2 2 1 3
13	2 2 2 2 6 1
14	1 2 2 3 4
15	2 1 2 1 4
16	4 2 2 2
17	3 4 1
18	2 2 1 1
19	2 3 2 2
20	2 7 4
21	2 7 3
22	1 8 2
23	9 2
24	9 2 3
25	1 3 5 5
26	2 3 3 1 5
27	2 2 1 1 3 2
28	3 2 2 1 6 1
29	3 2 5 2 5 2
30	4 2 4 2 4

Row clues (left to right):

Row	Clues
1	13 2 6
2	5 3 2 5
3	3 3 2 2 3
4	2 6 4 1
5	2 12
6	1 2 3 2 1
7	1 3 2
8	1 5 2
9	1 8 2
10	1 2 6 2
11	1 1 5 2
12	1 2 4 5
13	1 2 2 3 2
14	1 2 2 2 1
15	2 5 1 4 1
16	2 1 2 5 2
17	2 2 3 6 2
18	2 5 1 7 1
19	2 1 2 6 1
20	2 2 2 1 6 2
21	2 5 2 6 2
22	3 2 2 6 3
23	3 4 2 2 3
24	3 5 2 3
25	4 3 1 3
26	7 7
27	5 6 1 3 2
28	11 3 2 3 1
29	5 4 3 9 2
30	4 4 17

35×35

Nonogram (picross) puzzle — B61

Row clues (top → bottom):

1. 35
2. 10 2 17
3. 8 5 1 13
4. 7 1 1 1 12
5. 5 2 1 3 1 10
6. 6 2 7 2 2 9
7. 4 7 1 2 1 9
8. 3 1 1 1 2 2 8
9. 3 1 1 2 13
10. 2 2 2 1 4 8
11. 3 1 1 1 3 3 3
12. 1 4 3 6 2 2 3 1
13. 3 5 5 2 3 2 1
14. 1 2 1 1 1 1 3 1
15. 2 1 2 2 2 5 6
16. 20 1
17. 3 1 1 1 4 3
18. 1 3 2 2 8 7
19. 1 14 9 1
20. 1 11 7 2
21. 1 9 4 3 1
22. 2 2 2 1 2 1
23. 5 1 2 5
24. 3 3
25. 11 5
26. 4 4 2 2
27. 2 1 4 5 2 1
28. 2 4 3 2 2 1
29. 1 1 2 2 1 1
30. 2 2 4 2 3
31. 9 2 3
32. 2 3 6
33. 10 2 1
34. 1 1 3 4
35. 4 5

Column clues (top → bottom), columns 1–35:

1. 22
2. 11 1 3 2
3. 9 3 3 1
4. 7 1 3 2 1
5. 6 5 4 1
6. 4 2 2 2 2
7. 2 4 2 2
8. 2 5 2 2
9. 1 3 1
10. 4 1 3 1
11. 1 1 2 2 6
12. 1 1 2 4 1 3
13. 1 4 2 1 3 1 2
14. 3 3 2 1 1 3
15. 3 3 1 1 3
16. 1 1 3 1 1 1 1
17. 1 1 1 4 1 3
18. 3 1 1 1 4 1 1 1
19. 1 2 1 2 2 3 1 1
20. 1 4 1 5 5 1 3 1
21. 1 1 1 1 2 1
22. 1 1 2 4 4 3 1 1
23. 6 2 3 4 1 1
24. 2 4 2 2
25. 2 5 2 2
26. 2 2 1 1 3 4 1 1
27. 2 2 3 2 6 2 4
28. 3 3 4 2 2 1 2
29. 6 2 3 1 1
30. 4 5 2 2 1
31. 10 1 1 2 2 4 1
32. 1 10 1 1 2 1 2
33. 1 2 10 1 1 1
34. 1 1 2 2 1 1 5
35. 10 11 11 6 15 4

35×35

The column clues (top) and row clues (left) for the 35×35 nonogram:

Row clues (left side):
- 4
- 6 1 1
- 5 3 2
- 2 8
- 3 4 4 7
- 2 4 2 3 4 2
- 1 3 2 1 1 4 4
- 5 4 1 3 2 2 2
- 4 4 2 3 1 3 2
- 2 6 3 2 5 3
- 1 2 3 1 3 5 3 4
- 1 3 2 2 1 1 1 1 4 5
- 1 4 2 2 1 1 3 10
- 1 5 2 1 3 7
- 1 8 2 1 2 6
- 2 6 1 9 2 1
- 3 3 1 1 4 2
- 9 5 6 2 1
- 7 3 1 1 4
- 1 2 2 2 2 4
- 4 3 3 2 3
- 1 2 3 2 1 5
- 4 1 2 2 1 9
- 5 2 1 9 2
- 3 10 2
- 4 2 2 5
- 3 7 1 1 6 2
- 3 4 9 1 4 2
- 1 4 3 2 3 5
- 3 6 6 5 3
- 3 4 5 6 5
- 1 8 5 11 2 2
- 5 3 5 3 4 2
- 3 10 4 4 3
- 11 8 11

35×35

Row clues (top to bottom):

1. 9 3 2 1
2. 3 1 1 2 1 3
3. 2 1 1 1 5 4
4. 1 1 2 2 1 1 3 6
5. 1 1 1 1 1 2 4 1
6. 1 2 3 1 4 4
7. 2 6 1 6 2
8. 16 1 6
9. 1 2
10. 17 2
11. 4 1 1
12. 5 6 1 1
13. 9 3 1 2 2
14. 1 1 3 1 4 2
15. 4 5 3 2
16. 4 2 2 4 3 4
17. 3 5 8 5
18. 5 10 5
19. 1 22 4 1
20. 2 28 2
21. 2 23 2
22. 3 16 3
23. 4 3
24. 20
25. 3 1 1 3
26. 3 1 1 3
27. 3 1 1 3
28. 3 1 1 3
29. 3 1 1 3
30. 3 1 1 3
31. 3 1 1 3
32. 3 1 1 3
33. 18 16
34. 3 1 1 3
35. 3 1 1 3

Column clues (left to right, top to bottom):

- 8 / 1 3 3 1 / 1
- 3 2 1 3 1 1
- 2 1 1 4 1 1
- 1 1 4 5 2 3
- 1 1 1 4 3 1 4
- 1 1 1 1 2 1 6
- 1 1 1 2 1 6 6
- 1 2 2 1 7 1
- 1 2 1 3 5 1
- 1 1 2 3 2 1
- 1 1 1 2 4 1 1
- 2 2 1 4 5 1 1
- 3 1 1 4 5 7 1
- 3 1 1 5 8 6 1
- 8 1 11 6 12
- 1 2 1 1 1
- 2 2 7 1 1
- 1 2 2 11 1 12
- 2 3 3 9 1 1
- 3 2 2 4 1 1
- 3 3 2 3 1 1
- 3 3 6 3 2 1
- 3 2 4 6 2 1 1 6
- 4 2 4 6 6 4
- 2 3 3 6 1 1 3
- 3 2 5 2 2 2
- 4 3 1 2 4

B 64 + B 65 타이밍이 맞아야 이길 수 있어요

35×35

Row clues (top to bottom):

- 6 8
- 8 10
- 6 1 7 3
- 5 2 1 4 1 3
- 5 1 1 4 1 1 2
- 4 1 4 1 1 2
- 5 3 3 3 1
- 5 3 2 3 3
- 6 1 11
- 3 4 4 7
- 1 4 15
- 1 4 16
- 1 8 14
- 1 2 2 5 7 6
- 1 2 2 5 5 6
- 2 2 2 8 4 1 2
- 1 3 11 1 4
- 2 2 2 2 5 6 2
- 1 3 13 4
- 2 4 14
- 1 3 4 3 2
- 7 4 2 7
- 6 7 1 7
- 5 9 2 2 2 3
- 4 12 4 6
- 3 13 4 5
- 2 2 11 2 2 5
- 2 1 5 6 6 5
- 1 2 6 5 2 1 1
- 1 1 6 6 2 2 2
- 3 5 7 3 1 1
- 2 5 5 5 2 2
- 1 3 3 7 7
- 3 1 1 4 7
- 5 6 4

35×35

Row clues (top to bottom):

8	8				
10	10				
2	5	4	5		
4	2	4	1	1	1	4
3	1	1	2	1	1	1	1	2
2	1	2	1	2	1
1	3	3	2	2	2
2	2	3	2	2	
2	5	9			
6	2	5	2	2	
4	4	2	3	2	
4	6	2	1	2	
4	9	1	2	1	
3	9	1	3	1	
3	17	4	1		
3	10	2	7	1	
1	5	1	5	1	1	2
3	9	2	5	1	3
5	12	3	6		
9	1	5	2		
6	9	9	1		
13	1	11	1		
10	3	11	1		
9	4	12	1		
8	5	5	8		
2	3	5	5	2	
1	2	1	5	5	2
2	2	2	5	6	
1	1	2	6	6	
1	2	2	6	6	
1	4	9	2	1	
5	1	6	3	2	2
8	5	1	2	2	
6	3	7	1	2	
4	4				

35×35

가로 힌트 (행, 위에서 아래로):

- 11
- 4 17
- 6 9 6
- 2 3 2 3 4
- 1 2 1 3 4
- 1 5 2 3
- 2 3 4 3 3 4
- 5 3 3
- 2 1 1 3 3 1 1
- 2 2 1 3 2 1 1
- 4 1 1 1 1
- 1 2 3
- 1 3
- 2 5 2
- 1 3 2
- 6 1 2
- 2 5 3
- 3 9 1
- 3 2 7 4 2
- 5 3 2 3
- 2 3 6 5
- 4 5 2 4 5
- 2 3 2 3 3
- 1 1 4 3 3 1
- 1 3 7 4 2
- 1 1 4 4 1
- 2 1 4 4 1
- 2 2 9 1
- 3 3 7 2 1 1
- 1 1 7 5 1 1
- 1 1 7 10 2 1
- 1 1 1 4 7 6 1
- 1 2 2 3 11 1
- 1 1 12 5 2 1
- 1 1 5 10 4 1

35×35 네모로직 (노노그램)

세로 힌트 (열):

																			3	1				4	3			2	4					
																	2	8	5	2	10	4	1	2	1	2							
						2	1	2	2	2	2	1	2	4	9	2	3	4	7	2	4	2	1	1	1						
		2	2	2	1	2	3	2	1	2	2	1	2	1	6	5	5	5	5	11	1	1	1	1	1	1	1	2	9	2	1	
2	3	4	2	1	1	1	1	1	3	3	3	3	3	3	3	3	3	3	3	3	11	3	2	2	2	2	2	3	3	2		

가로 힌트 (행):

- 3
- 1 1
- 2 1
- 1 1
- 1 1
- 1 1
- 1 5
- 1 6
- 1 3 1
- 1 2 2
- 1 1 1
- 1 2 1
- 1 4
- 1 1 1
- 1 1 1
- 1 3
- 2 5
- 7
- 6
- 1 1
- 1 2
- 15
- 10 2
- 11 1
- 2 7 3 1
- 2 8 1 1
- 2 3 1 1
- 3 3 1 1
- 2 2 1 1
- 2 3 1 1
- 2 2 1 2
- 2 2 1 2
- 2 22 3
- 4 26
- 34

B68 빨간 코를 가졌어요

35×35

Column clues (top, left → right)

Row	Clues
1	2 · · 7
2	1 3 8 1
3	8 1 2 2 2 2 2 · 2 · 2 4
4	1 2 · 1 2 3 1 2 5 2 3 2 · 1 3 · 1 1 5
5	2 · 1 3 · 4 3 4 10 1 · 1
6	2 3 6 · 3 · 1 1 · 1 2 2 1 2 · 2 9 · 13 2 · 3 1 7 · 11 3 2 3 2 · 1 7 1 3
7	9 3 2 4 · 1 7 · 8 2 · 4 2 2 2 · 2 2 · 2 10 · 5 3 4 12 11 · 1 5 2 2 2 · 3 4 6 2 5
8	18 2 1 3 2 · 2 2 10 2 2 · 3 1 1 2 2 · 5 3 21 3 1 · 1 1 2 5 1 · 10 1 2 2 3 · 2 4 7 3 2
9	1 1 4 4 8 · 7 4 3 9 2 · 9 2 2 1 7 · 7 2 2 2 8 · 4 2 1 3 12 · 2 15 3 2 8 · 3 3 2 10 2

Row clues (left → right)

Row	Clues
1	9 15 4 2
2	2 5 8 5 3 1 1
3	1 8 2 2 1 10 2
4	1 3 4 2 3 14
5	1 2 6 14 6
6	1 1 7 13 2 3
7	2 5 9 5 4
8	5 3 2 4 1 12
9	6 6 5 13
10	3 5 17
11	2 1 13
12	3 2 8 3
13	6 2 2 5 3 1
14	6 2 1 6 1
15	2 3 3 7 4
16	1 1 3 3 3 3 2
17	2 5 1 1 3 3 2 2
18	9 6 2 4 4
19	8 4 2 3 5
20	3 1 3 9
21	3 3 3 6 1
22	9 3 1
23	1 3 2 3 1
24	1 1 1 3 2
25	1 5 1 6 1
26	2 3 1 7 1
27	2 6 1 1 1
28	4 3 1 1 1
29	1 3 1 1 1 1
30	1 2 1 2 1 1
31	1 2 1 7 1
32	1 2 1 9
33	1 2 1 5
34	4 6
35	10

35×35 (네모로직 / 노노그램)

세로 힌트 (위쪽, 열별로 위에서 아래로 읽음):

구간(1–5)	구간(6–10)	구간(11–15)	구간(16–20)	구간(21–25)	구간(26–30)	구간(31–35)
				2		1 2
—	1	1 3	1	2	2 2	1 2
6 2	7 10 5 1 1	5 2 1 1 3	1 4	3	2 3 2 3 2 1	1 1 2
11 10 8 5 3	1 1 5 4 1	2 1 3 3 2	4 2	1 4 5	3 2 2 3 3 3 2 4	1 2 2 2
3 2 1 3 7	2 2 1 2 7	2 1 3 4 1	3 4 1 4 1	2 3 1 2 2	1 4 7 9 2	3 2 2 3 5
5 8 5 3 1	2 1 2 5 1	1 1 1 1 1	1 1 10 5 1	1 12 9 8 8	8 9 6 9 2	7 6 5 3 2
12 12 13 13 13	12 12 6 2 9	2 2 2 7 2	2 2 12 6 2	7 2 2 2 6	4 2 2 2 6	2 12 16 17 17

가로 힌트 (왼쪽, 행별):

1. 5 6 4
2. 5 2 6 3 2
3. 4 3 4 2 2
4. 4 3 1 2 2
5. 4 3 2 3 1
6. 4 2 1 2 3
7. 3 3 1 3 4
8. 3 3 2 3 2 2
9. 2 8 1 3 2
10. 2 1 2 6 1 4
11. 1 1 1 9 5
12. 4 1 10 5 2 2
13. 2 8 4 8 1
14. 1 1 2 1 1 3 3 5 2
15. 2 2 2 1 1 2 2 8
16. 4 2 2 2 1 1 1 2 4
17. 4 2 2 2 1 2 2 1 2
18. 3 2 4 2 2 2 2 1
19. 4 2 3 2 2 2 2
20. 4 3 2 7 1 3
21. 2 3 3 1 8 2 3
22. 2 3 2 1 1 9 4
23. 3 2 2 1 8 5
24. 7 1 3 8 5
25. 7 1 2 8 5
26. 7 1 2 8 5
27. 7 21 5
28. 8 1 2 1 1 5
29. 8 1 1 5 1 1 5
30. 8 1 1 1 1 1 2 4
31. 8 1 1 1 1 2 1 4
32. 8 1 1 1 1 2 1 4
33. 8 1 1 1 1 2 1 4
34. 7 10 12 3
35. 7 9 5 5 3

B70 멀리 있는 것을 보아요

난이도 ★★⯪☆☆

35×35

가로 힌트 (행)

1. 4 8 9 4 2
2. 12 5 12 2
3. 6 3 2 5 6
4. 2 3 2 2 2 4 5 2
5. 2 6 2 2 3 4 2 2
6. 3 2 2 3 3 3
7. 2 4 6 3 3
8. 2 3 2 4 2 7
9. 6 4 6 2 2
10. 3 6 3 2 3 2
11. 2 8 3 1 7
12. 1 2 3 3 2 2 4
13. 2 7 5 1 1 3
14. 2 2 4 4 2 1 2 3
15. 4 10 5 1 3
16. 4 3 10 1 1 2
17. 3 3 5 4 2 2 2
18. 4 2 2 4 4 2
19. 5 7 11
20. 5 3 2 8
21. 5 2 2 5
22. 5 2 5 2
23. 7 11
24. 6 4 6 2
25. 4 3 6 2 2 2
26. 4 2 1 4 8
27. 3 3 1 4 2 2
28. 3 2 2 4 3 3
29. 2 2 2 4 4 4
30. 2 7 4 5
31. 3 4 5 8
32. 5 6 2 2 2
33. 12 2
34. 10
35. 6

B71 크기가 얼굴만 해요

난이도 ★★⯪☆☆

35×35

6 1
2 2 1
2 4 2 1
1 2 2 1 1
1 1 2 1 7 6
1 1 1 1 7 3 2
1 3 1 1 1 2 6
2 2 1 1 2 2 2
6 5 1 1 1 1
14 2 1 1
8 2 1 1 1 1
10 3 1 7 1
8 5 1 1
5 1 2 2 2 1 1
5 1 1 1 1 1 1
6 1 3 1 6 2 1
6 3 2 2 2 1 2
5 1 4 3 2 1 2
5 3 6 1 6
5 1 2 2 2 1 1 1 3
5 1 4 2 2 2 6 1 1 1
5 1 3 1 2 3 5 1 1 1
5 1 1 1 2 2 2 1 1 1
5 1 2 2 5 1 1 1
7 3 3 6 1
13 2 2 4 1
10 1 6 2 1 1
2 2 1 1 1 1 1
1 3 2 1 2 1 1
1 2 1 1 3 2 2
1 1 3 8 3 6
1 2 2 8 5
2 3 2 1
2 2 1
5 1

6 6 4
2 2 12 2 2
2 3 2 14 2 3 2
1 2 1 19 2 2 1
1 1 1 1 19 1 1 1 1
1 1 3 9 6 1 3 1
1 2 6 4 2 2
2 5 7 9 2
2 5 3 5
10 4 3 2 2
2 4 1 2 2 1 2 2
2 2 1 1 2 2 1 2 2
2 2 2 1 2
2 1 1 2
2 3 6 2 2
12 19
2 2 2
3 2 3 1
5 2 6 4
3 1 1 3 2 1 2
2 2 1 2 2 2 1 1
2 3 2 5 1 2
1 1 2 3 1 1
1 2 3 2 1
1 1 2 3 2 1
1 1 8 1
1 1 2 1 1
1 1 2 6 1
1 6 8 3
4 1 4 2 1
2 6 4 3 1
1 1 1
1 5 1
2 4 2
23

35×35

Nonogram puzzle (35×35)

Row clues (top to bottom):
- 9
- 5 6
- 4 11
- 3 6 5
- 3 4 9
- 10 6 5
- 9 4 3
- 2 11 13
- 1 7 4 7
- 5 8 3
- 1 3 6 7 4
- 4 2 10 8
- 2 3 4 4 4
- 2 1 2 2 10 3
- 1 2 2 4 5 3
- 1 2 4 8 6
- 6 8 3 5 4
- 1 1 2 2 3 4 2
- 3 1 3 1 5 5
- 1 2 1 2 5 3
- 2 4 2 4 3 4
- 1 6 2 7 5
- 10 9 4 3
- 14 2 3 3
- 3 5 1 3 7
- 2 6 2 3 3
- 1 3 2 2 3 3
- 4 3 1 2 7
- 2 6 2 5
- 1 8 3 3
- 12 1 7
- 5 6 1 5
- 3 6 2 2
- 1 5 3 1
- 1 4 3 1

35×35 nonogram puzzle

Row clues (left to right per row):

- 21 5
- 21 2
- 21 2
- 21 4
- 18 2 2
- 13 2 3
- 3 9 8
- 3 6 6 1
- 6 3 2 2
- 10 2 1 4
- 2 2 1 4 4 8
- 2 3 2 3 1 12
- 2 1 1 3 1 2 1 3 7
- 3 2 3 2 1 3 4
- 5 3 4 2 1 2 2
- 1 9 3 3
- 1 3 2 4 3
- 1 8 3
- 1 7 2 4
- 2 8 2 2 4
- 1 8 2 1 2 5
- 1 10 1 2 1 5
- 1 14 2 1 7
- 1 11 5 3 9
- 1 11 20
- 11 17 2
- 9 15 2
- 7 12 2
- 4 8 2
- 2 1 3
- 1 6
- 1 9
- 1 12
- 15
- 9

Column clues (top to bottom per column):

| | | | | 5 5 | 5 1 1 | | 5 6 | 6 3 2 1 2 6 | 6 2 1 4 3 6 | 7 2 2 4 2 3 | 2 5 5 4 | 7 5 | 1 8 6 5 13 | 8 2 2 14 | 8 7 7 | 9 8 5 8 | | 9 1 3 3 | 12 2 3 2 | 2 4 2 | 2 1 1 2 | 3 5 3 2 1 4 3 | 5 3 2 2 7 2 | 1 2 2 1 4 2 | 1 2 7 2 4 4 8 2 | 2 3 3 4 8 2 | 1 5 5 6 3 | 2 2 5 7 | 1 1 2 9 |

Columns (exact grouping as printed):
4 6 4 5 3 9; 4 6 5 6; 4 4 5 6; 2 2 11 5; 3 4 2 6; ... 8 9

(35×35 grid — all cells empty, to be solved)

35×35 네모로직 (노노그램)

가로 열쇠 (행 단서):

- 6
- 4 1 3
- 2 2 2 2
- 4 4 1 2
- 2 3 2 2
- 1 1 3 1
- 5 2 2
- 1 1 1 2
- 1 2 2 1
- 5 2 1
- 1 1 1 2
- 1 2 4
- 16 1 1
- 4 3 1 1 7 1
- 1 1 1 5 1 1 4
- 3 5 15 1 3
- 1 10 16 2
- 3 7 22
- 1 8 20 1
- 1 10 19 1
- 2 1 5 22
- 4 1 23 1
- 1 5 1 2 13 2
- 1 9 1 2 2 5
- 1 1 2 8 1 1 3 2
- 2 2 1 1 15 2
- 1 1 5 1 5
- 2 4 1 2 2 4 5
- 1 3 1 2 2 3 2
- 2 2 1 4 3 4
- 3 2 1 4 4
- 2 3 2 8
- 2 4 1 3 3 4
- 3 5 1 4 5
- 3 17

35×35

Nonogram puzzle.

Column clues (top), read top-to-bottom by visible rows:

																			1	3														
																	1		1	1						2			4					
															4	3	1	1	1	4				1	3	5	2		1					
															4	2	1	3	1	2				2	2	1	2							
							12	10			6				4	1	2	1	2	1	1	3	7	1	2			7			1			
				4	3	3	3	9	1	2	6	6	6	6	5	2	1	2	2	2	3	3	3	3	2	2	11	9	3	7	3			
				1	2	1	1	2	1	2	4	14	9	5	2	1	2	1	1	2	4	4	4	2	1	2	2	5	2	3	6	3		
2	2	2	3	4	3	2	2	5	8	9	2	1	3	1	3	1	3	1	4	5	4	5	2	2	2	4	10	3	1	2	1	3		
9	6	3	3	1	1	1	2	1	2	1	4	5	3	12	10	8	6	5	10	2	2	7	3	5	12	2	10	4	3	3	1	4	4	10

Row clues (left), top-to-bottom:

- 13
- 8 2
- 8 4
- 9 12
- 8 14 1
- 6 18
- 4 8 7
- 3 5 6
- 7 5 8
- 6 1 4
- 7 5 6
- 4 3 1 2 5
- 5 2 2 2
- 3 1 1 1 1 1
- 2 1 2 9 1
- 1 1 4 2 2 3 1
- 2 7 2 4 4
- 4 5 6 2
- 12 6
- 9 3
- 2 6 1 1 3
- 2 2 3 1 2 2 5
- 2 2 4 1 3 1 1 2
- 4 3 3 2 2 2 2 1
- 2 1 4 3 1 2 2 2 2
- 2 2 2 6 1 4 3 2
- 2 1 2 4 3 3 2 2
- 1 2 2 2 3 1 4 5
- 1 1 2 8 3 1 1
- 2 5 1 7 2 1 2 1
- 2 3 2 3 2 4 1 1
- 2 4 3 1 6 1 1
- 3 2 8 2 1 1
- 3 2 4 2 1 1
- 3 2 2 2 1 1

B76 누가 누가 크게 부나 대결해요

난이도 ★★★☆☆

35×35

Row clues:
- 9
- 12
- 23
- 25
- 2 10 2
- 2 6 2
- 3 3 1
- 3 2 2
- 3 5 2 1
- 11 2 1
- 14 1 1
- 3 3 9 2 1
- 2 2 6 1 2
- 5 1 12 1
- 2 2 7 1
- 9 2 4 6 1
- 4 2 2 1 3 6 2
- 3 3 2 8
- 3 3 3 4
- 3 4 3 2
- 2 1 2 2
- 3 2 2 3
- 3 2 3
- 4 2 4
- 4 2 8
- 4 4 3 2 2
- 6 2 7 3 5
- 7 3 3 8
- 5 11
- 3 10
- 13 2 6
- 8 3 7 1
- 29 2
- 5 6 8 2
- 18 7

B77 에취!

난이도 ★★★☆☆

35×35

열	단서
1	1 2 2 3
2	2 2 3 3
3	1 3 2 2
4	2 2 1 2 3
5	1 1 1 2 5
6	7 1 2 6
7	2 3 1 6
8	5 2 3 7
9	3 2 5 3 7
10	3 4 3 1 3 9
11	6 2 2 1 5 8
12	2 3 5 1 1 3 5 1
13	4 1 1 1 7
14	6 2 2 1 4
15	6 2 4
16	6 2 1 2 3 9
17	5 2 2 1 1 5
18	5 2 1 1 2 1
19	5 2 1 3 2 2
20	6 2 1 2 1 2 2
21	4 2 2 2 3
22	3 3 1 2 3
23	4 3 2 2 1
24	6 4 5 3 4
25	2 3 10 4 2 3
26	1 7 4 3 1 1
27	13 5 2 2
28	6 6 7 1 3
29	2 6 8 3 2 2 3 1
30	1 6 13 4 2 2
31	7 8 4 5 3
32	3 14 10
33	3 10 1 1 10
34	2 2 2 2 3 9
35	6 2 9

행	단서
1	4 3 3
2	19
3	14 3 1
4	2 16 4
5	11 11
6	3 3 1 15
7	2 3 6
8	2 6 6
9	2 12
10	3 1 3 6 2 1
11	5 1 5 2 2 6
12	1 2 4 11
13	2 1 1 10 1
14	6 5 12
15	2 2 1 3 6
16	1 2 2 5
17	1 1 2 2 7
18	1 2 1 1 4 2
19	2 1 6 4 3 3
20	3 1 1 1 3 3
21	4 5 2 9
22	3 1 2 2 1 7
23	4 2 10 1 5
24	4 1 7 4 2 2
25	2 4 4 2
26	4 1 2 1 3 5
27	3 2 2 1 1 2 3 6
28	2 2 4 1 2 9
29	2 6 1 1 7
30	3 7 1 1 5
31	3 8 2 2 2 4
32	2 8 2 2 2 4
33	1 8 2 2 2 2 5
34	8 2 3 2 2 6
35	9 3 16

B78 사랑합니다 고객님

난이도 ★★★☆☆

35×35

									2							1	1						3											
									4							7	6	1	7	5			1		5									
							4	2	3	1	2	1	1	1	1	1	1	5	1	1			2	4	1									
							2	3	4	8	17	14	11	9	7	1	1	1	3	1	3	3	1	1	3			1						
1	1				8	9	1	2	3	8	1	2	3	5	5	5	3	3	1	2	2	2	1	6	4	16	12	6	1	1	1	1	1	1
2	2	1	1	7	9	8	7	6	2	2	2	2	2	2	2	1	1	1	4	6	5	6	8	3	3	5	6	7	2	2	2	2	2	2
11	14	18	19	13	2	1	2	2	2	1	2	2	1	1	2	3	3	2	3	2	2	2	3	4	2	4	3	2	7	7	6	4	8	6

					9
				3	4
				3	11
				3	14
			3	11	4
			3	11	3
			3	10	3
			7	9	10
			3	8	2
			4	6	3
			15	5	11
			9	4	9
	3	2	3	5	6
	2	1	3	2	5
	2	1	2	2	6
		3	3	2	2
		4	4	1	2
			11	2	2
			7	4	1
		8	3	5	2
	9	2	3	3	1
			11	6	2
				18	3
		10	5	3	4
		9	3	5	6
		6	3	6	7
		5	3	5	8
		5	4	5	8
	2	2	4	5	7
	3	4	2	2	7
	2	2	2	2	2
		2	4	4	2
3	2	2	1	2	2
	2	3	3	3	2
		5	1	3	2

C79 꼬옥 안아줘요

난이도 ★★★☆☆

30×40

30×40

Column clues (top):

Reading the column header numbers from left to right:

						8	5	1	7			7	7	2	8	4						2	1					
					4	3	8	8	2	7	1	1	1	2	2	14	18	9	1	2		3	2	3				
					1	6	3	4	11	1	16	14	9	1	4	3	3	4	2	1	1	3	2	3	4			
		2	2	15	5	3	2	2	1	1	2	2	9	2	1	3	4	5	9	2	1	2	3	4	9		
1	16	18	18	1	3	5	4	3	2	2	2	1	2	3	4	2	2	2	2	2	3	2	2	1	2	1	1
1	6	4	3	5	2	2	2	2	3	19	2	1	1	1	1	2	3	4	4	4	5	8	4	2	4	2	1

Row clues (left):

- 7
- 9
- 11
- 12
- 12
- 10 1
- 2 5 1 2
- 1 1 4
- 3 3 3 3
- 4 4 3
- 2 2 6 2
- 2 4 7 3
- 1 1 8 4 2 2
- 3 3 2 3 1 1
- 4 2 4 3 2 1
- 4 10 1 2
- 5 2 2 3 1 1
- 5 2 2 3 1 1
- 6 1 3 3 2 1
- 7 1 3 2 2 1
- 15 4 1
- 16 5 4
- 5 7 4 1
- 6 11 2
- 5 9 2
- 6 8 3
- 7 2 3 2 2
- 9 1 2 2
- 3 2 3 5 1
- 2 1 2 3 2 6
- 2 2 3 3 1 3
- 1 5 2 1
- 1 5 2 3
- 2 5 1 4
- 5 1 2 5
- 2 2 3 6
- 1 4 5
- 1 2 3
- 8 4
- 5 8

30×40 nonogram puzzle

Column clues (top):

																			3									
															4			2		3								
														1	10	3	2	5	2									
	2	2			2	2	3	2	5	5	1	4	3	4	2	4	9	1	2	1	2	2		
	4	3	1	2	4	5	5	5	4	2	4	8	17	19	21	2	2	1	1	2	1	1	2	1	1
5	2	1	3	3	10	3	3	5	3	2	2	17	1	3	3	1	2	1	1	3	3	1	2	2	1	4	10
5	6	2	2	4	11	7	4	1	5	3	2	2	1	2	1	1	1	1	1	1	2	1	2	2	2	6	3
2	8	5	7	9	9	1	4	9	10	3	2	2	1	1	1	1	1	1	1	1	2	2	3	3	11	1	4

Row clues (left):

					4	2
			2	2	3
				5	4
			7	1	3
			8	1	2
	2	2	2	1	2
	1	1	1	1	2
		2	4	3	1
		3	2	3	4
	4	2	2	3	4
	2	3	5	3	2
			3	7	3
	4	6	1	3	6
	10	1	3	7
	8	1	3	1	1
		4	1	3	7
		1	3	1	1
		1	3	1	1
		1	3	1	1
		2	1	3	3
3	1	3	1	2	1	2
		5	1	3	4	4
		6	1	3	2	2
			2	3	1	3
			2	2	1	2
		2	1	1	3
		4	1	2	6
		1	3	3	3
			5	2	2
			3	1	2
		2	2	2	1
		6	4	4	1
	10	2	2	3
		10	1	4
		2	7	2	5
7	2	3	3	2
		11	10	4
			10	5
		6	6	5	1
		3	6	15	3

30×40

Row clues (left):
- 1 3 2 4 3 2 4 1
- 1 3 4 2 3 7 2
- 4 4 4 3
- 1 3 6 11 2
- 5 2 2 1 1 2
- 4 6 4 3 1
- 3 8 2 5 4
- 1 2 1 6 4
- 3 5 2 3 1
- 2 2 2 4 4 2
- 2 1 7 5 2 3
- 2 3 2 2 4 1 1
- 4 2 2 3 2
- 1 2 3
- 2 1
- 1 1
- 3 3
- 6 1 1
- 4 1 1 1
- 4 2 1
- 6 2
- 3 2
- 2 2 2 2
- 2 1 1 2
- 3 1 2
- 3 1 6
- 1 1 2 6
- 3 1 4 2
- 2 8 2
- 2 8 2
- 2 3 3 2
- 15
- 15
- 2 3 6
- 2 3 1 2
- 2 3 5
- 2 4 2
- 5 8
- 15
- 2 2

40×30

노노그램(네모로직) 퍼즐 — 40×30 크기의 가로·세로 힌트 숫자가 표기된 격자.

C84 무슨 소리가 났는데?

40×30

(논리 퍼즐 — 노노그램 / 네모로직. 가로·세로 힌트 숫자가 격자 둘레에 배치되어 있음.)

오른쪽 행 힌트 (위에서 아래로):

1	2	2			
2	1	2	2		
1	1	1	3		
2	1	1	1	3	
1	1	1	3		
2	1	8	3		
1	12	3	8		
2	2	3	8		
3	2	1	5	4	
2	1	5	4		
2	1	1	1	1	2
2	1	2	2	1	2
3	3	2	1	2	4	2
5	1	1	1	4	2
1	13	3			
1	11	3	4		
2	6	3	4		
3	6	5			
10	6	6			
8	6	7			
6	8	8			
2	2	1	6		
7	5	6			
1	6	3			
1	6	2			
1	6	1			
3	2	3	1		
1	8	1			
1	3	2	1		
1	5	2	2		
3	7	5			
1	5	3	5		
1	5	3	5		
6	5	2	5		
1	6	1			
3	2	1	6		
2	2	1	7		
2	5	8			
4	5	3	9		
13					

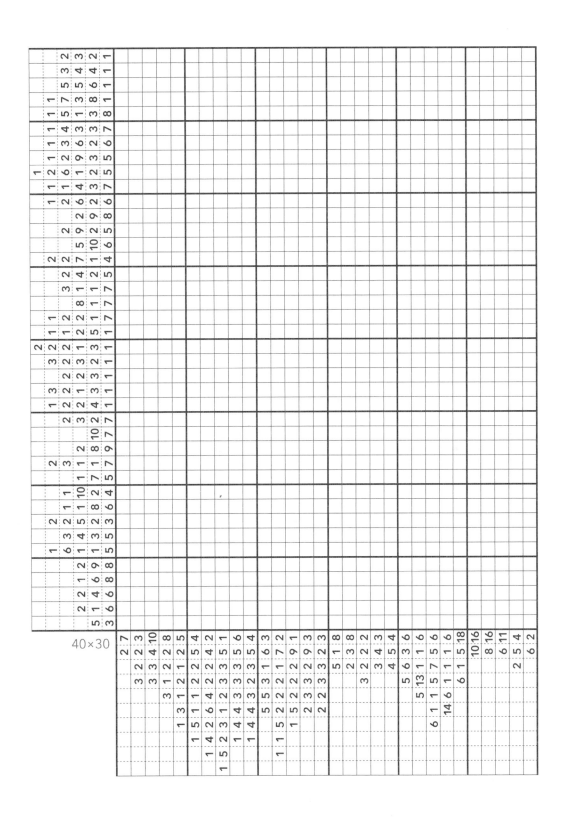

40×30

40×30

40×30

C88 닭 잡아먹고 OOO 내민다

난이도 ★★★☆☆

40×30

Row clues (right side, top to bottom):

5					
5 2	3	2			
1	2 3	2	2	2	2
1	4	2	3	3	1
1	4	4	3	3 3	1
2	3	4	4	3	1
2	3	5	5	2	1
3	3	5	4	2	2
7	5	2	7		
7	4	3	3	7	
1	4	4	7	3	2
2	5	7	3		
12	1	9			
12	2	9			
6	4	9	1		
1	4	4	3	2	1
1	1	4	3	1	2 1
1	1	3	3	2	3 1
1	2	3	2	1	2 1
1	1	3	2	4	1
2	2	2	1	3	1
2	1	2	2	3	1
2	1	2	2	2	2
3	2	2	2	1	1
3	1	2	2	2	1
3	1	2	1	2	1
4	2	2	4	1	
4	2	2	2	1	
4	2	2	2	1	
4	1	2	2	3	1
5	2	2	3	1	
5	1	2	2	4	1
5	3	4	2	1	
6	8	2	2		
6	2	1	2	1	
6	1	2	2	1	
6	2	1	2	2	
7	3	1	2	1	
7	5	6			
7	4				

082

40×30

40×30

C91 썰매와 헬멧만으로 진행되는 스포츠예요

난이도 ★★★☆☆

40×40

난이도 ★★★☆☆

40×40

이 문제는 네모로직(노노그램) 퍼즐입니다.

가로(행) 힌트 — 위에서 아래 순서

행	힌트
1	4 10
2	3 1 13
3	6 1 2 12
4	1 1 3 1 10
5	6 1 1 1 9
6	2 1 3 6 9
7	1 4 1 3 12
8	1 1 6 2 1 2 8
9	1 5 2 2 4 2 4
10	2 5 1 1 2 1 3
11	1 6 2 2 3
12	1 7 1 1 3
13	1 9 4 5
14	1 7 3 4
15	1 2 1 2
16	2 2 2 1
17	3 4 4 5
18	5 1 1 5 1
19	1 2 3 2 1 3
20	1 1 6 4 1 5
21	1 15 1 2 3
22	2 10 1 3 1 2
23	2 7 3 4 2
24	2 4 2 2 1
25	3 1 1 1 1 1
26	3 1 1 1 2 1 1
27	3 1 1 1 1 1 2 1
28	4 2 1 1 1 1 1
29	4 1 2 2 1 1
30	4 3 3 3 1 1 1 2 1
31	6 1 1 1 1 4 1 2 1 2
32	6 1 1 3 4 1 1 1 2
33	6 3 3 4 1 1 2 2
34	6 3 10 11 2
35	4 1 1 1 1 2 4 3 3
36	4 3 3 4 2 1 3
37	3 3 2 3
38	17 2 3
39	6 3 2 3 4
40	40

세로(열) 힌트 — 위에서 아래 순서 (열 1 → 40)

열	힌트
1	5 3 24
2	4 9 19
3	2 1 1 1 2 9 16
4	2 1 1 13 2 4 3
5	3 1 7 3
6	3 1 1 1 3
7	6 1 1
8	3 1 3 12 3
9	1 1 3 7 1 4 3
10	4 5 4 3
11	1 1 1
12	3 2 4 3
13	3 3 4 3
14	1 6 1
15	3 1
16	1 1
17	5 2 4 1
18	2 3 4 1
19	3 2 7 1
20	1 2 1
21	3 2 2 1
22	2 1 2 2
23	11 2 11 2
24	1 1 3 1 12
25	1 2 1 1
26	3 1 3 1
27	4 1 3 1
28	2 1 2 4 1
29	7 4 1
30	8 3 1
31	3 1 2 1
32	4 2 7 1
33	2 2 2 4 1
34	1 2 1 3 1
35	8 8 13 1
36	3 3 3 2 2 2 1
37	2 1 3 3 2 7 2
38	8 1 2 9 4 6
39	3 2 11 10
40	1 8 21

C93 미리 예방해요

난이도 ★★★☆☆

40×40 네모로직 (노노그램)

가로 힌트 (행)

행	힌트
1	11
2	12 4
3	12 2 1 3
4	8 2 1 2 4 1
5	8 2 14 1 5
6	8 8 2 1 5
7	8 2 14 1 4
8	7 2 1 1 5 4
9	7 2 7 5 3
10	7 2 1 1 3 3
11	7 2 1 6 1 2
12	7 3 3 2 2 2
13	6 2 2 5 2 2
14	6 3 2 1 5 2 2
15	6 2 2 2 2 1 3 2
16	6 4 2 2 2 2 1
17	8 2 7 2 1 1
18	9 2 3 3 3 2
19	7 1 2 2 1 4 3
20	5 1 2 2 2 2 5 2
21	5 2 2 2 1 5 4
22	5 2 2 2 7
23	5 3 2 1 4
24	5 1 2 2 2
25	5 2 2 5 3
26	5 2 2 4 3
27	5 2 3 8
28	5 6 3 5
29	13 3
30	7 6 3
31	5 12
32	3 9
33	1 4
34	5
35	8
36	10
37	15
38	23
39	31
40	40

세로 힌트 (열)

열	힌트
1	33 1
2	32 1
3	32 1
4	31 1
5	31 2
6	7 3 19 2
7	3 1 9 2
8	3 2 3 2 2
9	4 2 2 4 3
10	1 4 2 2 3
11	5 1 2 1 3
12	4 2 2 3
13	1 2 2 3 4
14	5 4 2 5 5
15	4 2 1 2 5
16	1 3 1 1 3 6
17	1 1 4 2 2 6
18	3 1 5 2 6
19	1 1 2 4 7
20	1 3 5 2 10
21	1 1 5 2 2 10
22	1 1 1 2 2 3 12
23	2 3 1 1 1 2 3 4 4
24	1 1 1 1 5 2 4
25	1 1 2 4 1 2 1 3
26	1 2 5 1 1 3
27	1 1 2 1 1 2 3
28	2 4 1 1 2 3
29	3 2 1 1 2 3
30	1 2 1 3 3 2
31	3 4 13 1 2
32	4 3 3 2
33	1 4 1 2
34	2 4 4 5 2 1
35	3 5 3 4 1
36	4 3 4 3 1
37	6 2 3 2 1
38	11 15 2 1

C94 + C95 그럼 지금까지 김 기자였습니다

40×40

Column clues (top to bottom)
37
20 11
18 11
1 3
2 1 3
7 1 2 2
10 2 2 1 2
7 2 5 2 2 2
8 8 2 5 7
10 3 2 3 4 3
9 8 1 3
7 2 2 1 3
6 1 2 2 1 3
5 2 2 2 1 3
5 2 1 1 7 1 3
5 2 4 3 2 3
4 1 2 7 2 3
4 6 3 12
4 2 2 4 2
5 1 2 2 4 3
11 2 3 12
3 2 5 6 2 4
2 3 4 4
6 3 4 2 4
5 5 2 2 1 5
2 6 2 2 1 5
3 8 2 1 5
9 2 2 1 5
2 3 1 3 3 1 5
4 2 1 5 2 5
4 2 1 3 3 6
4 8 4 6
4 2 2 2 6
4 2 8 1 6
4 1 2 5 6
4 3 3 6
4 3 2 6
2 4 3 7
11 7
11 7

Row clues (left to right)
3 8
3 13
3 15
3 16
3 11 4
3 8 3
3 7 1 8
3 6 3 8 11
3 2 3 2 2 5 12
3 2 1 2 1 5 8
3 2 1 1 8
3 2 4 5 2 7
3 2 3 5 9 5
3 1 2 2 9 6
3 3 2 3 4 1 2 3
3 5 4 2 1 8 1 2
5 2 3 1 2 3 1 1 2
3 3 2 2 8 1 2
2 4 3 3 6 1 2
2 1 7 1 6 7 3
1 2 5 1 6 1 8
1 2 1 3 3 2 7
1 3 2 2 1 1 2
1 3 2 1 3 2 3
1 5 1 5 2
1 2 2 2 1 2 1
2 1 1 1 2 1
2 2 1 1 1 2
2 1 2 3 1
3 2 1 2 4 2
3 5 3 1 7
3 9 1 1
3 1 1 1
3 2 1 20
3 1 1 20
3 1 1 20
3 1 1 20
3 10 2 16
18 10
18 3

+

40×40

Nonogram puzzle — column clues (read top to bottom of the header block):

Line	Column clues (left → right across the 40 columns)
1	4 · · · 2
2	2 · · · 2
3	7 3 5 · · 2 2
4	2 · · 3 1 1 5 · 7 · 10 · 2 1 · 2 2
5	1 1 1 1 · 5 · 2 1 3 2 · 7 · 3 · 2 1 · 2 2
6	2 2 2 2 · 2 7 5 1 1 2 6 1 · 3 · 2 2 1 1 · 2 2
7	4 · 2 2 2 2 · 5 2 4 2 1 1 1 2 1 7 · 3 8 7 · 1 10 1 · 1 1 · 2 2
8	5 2 3 2 5 3 2 2 2 2 · 2 1 9 1 1 1 2 2 1 2 · 4 2 2 9 5 1 1 1 1 1 · 2 2
9	6 14 7 14 2 15 3 2 7 2 · 6 5 1 3 3 1 1 1 2 5 5 2 10 1 8 1 1 6 2 3 1 1 1 · 2 2
10	3 3 6 3 2 2 1 2 7 3 3 16 13 2 1 12 5 1 1 1 1 1 2 3 2 2 7 4 1 1 6 2 2 1 3 5 4 2 2 2
11	7 7 10 8 5 4 4 4 4 5 5 6 7 12 2 5 4 12 2 3 4 4 1 2 2 2 13 1 1 1 2 1 1 2 2 3 5 26 14 14

Row clues (top → bottom):

Row	Clues
1	1 8
2	1 13
3	3 15
4	5 17
5	2 2 6 10 6
6	8 7 9 7
7	8 2 4 8 1
8	5 2 6 1 2 2
9	1 1 6 1 3 3 6 1 2 2
10	1 1 1 2 1 3 2 2 2 1
11	1 1 8 1 2 2 1 1 2 2
12	3 8 1 1 1 1 2 2
13	3 1 3 1 4 1 1 1
14	3 8 2 4 3 1 2 2
15	3 8 1 2 3 9
16	3 1 5 1 2 1 1
17	3 7 1 3 5 9
18	3 7 1 6 3 1 3
19	2 3 2 5 12
20	1 11 5 1 1 3 3
21	1 9 3 2 2 1 7
22	1 2 1 2 2 3 1 1 1
23	1 1 3 2 1 1 6
24	2 4 2 2 1 1 3
25	1 3 9 2 3
26	1 2 1 1 1 1 1
27	2 2 1 1 1 5
28	7 1 1 2 1 4
29	5 1 1 9 1 1 4
30	1 2 1 2 2 1 1 4
31	2 1 1 6 2 1 1 3
32	1 1 1 2 3 4 3
33	2 1 5 8 3
34	4 2 2 1 3
35	4 3 4 2 3
36	5 5 3 2 4
37	14 1 6 2 4
38	14 1 2 5 5
39	14 1 2 2 10
40	14 1 2 5 7

40×40

Row clues (top to bottom):

- 8
- 2 2 3
- 2 2 2 2
- 2 4 2 2 3
- 1 8 1 1 2
- 5 2 3 1 2 1
- 4 2 6 1 1
- 1 10 1 1 2
- 1 4 1 1 1
- 2 2 1 2
- 4 3 2 1
- 12 1 2
- 10 5 2
- 1 2 9 2
- 2 9 1
- 13 10 10
- 2 3 2 1 1 2
- 1 3 6 3 2 3 3 1
- 1 3 5 3 1 1 1 3 3 1
- 1 3 4 4 1 1 2 2 3 1
- 1 3 4 1 2 1 2 2 3 1
- 1 3 3 2 1 3 2 1 3 1
- 1 3 3 2 2 3 4 1 3 1
- 2 4 2 1 1
- 10 4 7 6
- 11 7 4 6
- 12 2 6 6
- 2 2 4 1 1
- 2 3 6 2
- 2 13 1
- 1 14 2
- 1 4 2 2 5
- 5 1 1 1 4
- 5 3 8
- 40
- 5 2 6
- 1 3 3 7 3 6 3
- 2 5 5 5 3 5 5
- 2 5 5 7 3 5 5
- 2 5 5 5 3 5 5

40×40

Row clues (top to bottom):

- 9
- 11
- 12
- 4 2 6
- 10 1 2 4
- 2 5 3 1 1 2 3
- 7 3 1 1 1 2
- 3 1 4 1 3 3
- 1 2 5 2 2 3
- 1 2 5 3 2
- 9 4 9
- 1 1 5 1 1 3
- 10 3 2 2 2
- 2 8 4 3 2
- 1 10 5 1
- 14 1 4 1 1
- 5 11 1 4 1 3
- 2 2 1 1 1 5 3 1
- 2 5 10 1 7 1 1
- 1 6 10 3 8 1
- 1 5 10 1 2 1 1
- 1 3 12 3 2 1
- 5 10 1 3 2 3
- 1 1 9 1 6 1
- 5 2 2 2 2 3
- 5 1 4 15
- 5 6 15
- 1 1 1 2 12
- 1 1 8 13
- 1 1 1 4 12
- 1 1 2 1 4 6 10
- 3 1 1 9 1 1 2 2
- 1 1 3 2 9 2 4
- 5 2 18 2 4
- 1 3 2 2 1 4 2 2 1
- 2 2 2 2 2 4 1 2 2
- 3 1 2 1 9 3 5 2
- 1 1 1 2 2 1 3 13
- 4 1 2 11 1 4 3
- 4 12 5 5

40×40

Row clues (left):
- 1 3 5 17 6 2
- 4 8 5 3 16
- 4 3 1 3 20 4
- 2 5 1 2 7 11 1
- 4 1 3 17 2
- 1 5 2 3 5 1 2 2
- 1 1 6 2 3 2 2 2
- 5 1 2 1 4 5
- 2 7 1 2 4
- 4 1 2 3 5
- 2 6 6
- 3 3
- 4
- 2 6
- 2 11
- 3 12
- 2 14
- 2 7 2 3
- 3 6 1 4 1 1
- 2 6 1 1 2 2 1
- 2 6 1 2 1 1
- 3 5 4 1 2 2
- 2 3 1 1 1 1 3 2
- 2 2 2 2 4 1
- 5 4 2 5 3
- 2 1 8 8 1 2
- 1 14 2 1 1 3
- 1 2 7 2 1 2 1 3
- 5 5 4 5 1 2 2
- 4 3 6 2 3
- 2 5 2 1 2
- 1 3 2 5
- 1 2 1 1
- 3 1 1 16
- 1 2 2 1
- 2 3 3 1
- 13 16
- 13 16
- 13 16
- 13 16

Column clues (top):
- 3 5 1 4
- 2 2 1 6
- 3 1 4 4
- 3 4 1 7
- 1 8 7 1 1 5
- 4 5 7 3 2
- 2 4 1 8 7
- 4 6 9 6 2
- 2 1 6 5 6
- 1 7 1 5 13 2
- 5 14 4
- 1 8 5
- 5 9 6
- 2 2 5 2
- 5 5 2 1
- 4 2 4 2
- 3 1 5 1
- 1 4 2 1
- 5 3 4 2 3
- 3 4 1 3
- 4 4 2 8
- 3 2 5 3
- 1 7 5 4 2
- 2 1 5
- 3 7 4 1 1 3
- 6 2 1 1 4
- 5 5 4 1 2 4
- 7 1 2 1 2
- 2 1 1 1 2 2
- 6 2 1 1 1 2
- 4 5 1 2 1 2
- 2 2 3 1 2 1
- 5 1 2 3 4 2 1
- 2 3 4 6 2 1
- 3 4 3 5 2 1
- 4 2 3 1 1
- 2 3 2 1
- 3 2 1 1
- 4 8 1

40×40

45×45

Row clues (top to bottom):

- 14 6
- 16 7
- 2 2 2
- 2 2 4 2
- 4 2 2 4 6
- 1 4 3 1 6
- 2 2 4 2 2 11
- 27 12
- 1 9 2 13
- 2 5 3 4 13
- 1 5 11 1 2 2
- 1 4 1 3 1 2 3 1
- 8 1 16 1 12
- 3 3 2 5
- 1 4 2 2 2
- 7 17 13
- 5 3 5 5
- 2 6 5 5
- 5 9 3 5 3 8
- 5 1 9 7 9
- 4 2 30
- 2 1 2
- 1 2 1 2
- 3 1 1 28
- 3 2 1 27
- 4 2 2 28
- 4 3 4 1 3 3 3
- 5 2 1 4 2 3 3 3
- 7 7 3 3 3 4
- 5 4 2 1 3 3 2 2
- 4 1 2 2 3 3 2 4
- 3 1 1 1 4 5 1 1 2
- 2 2 1 1 3 2 2 2 1
- 1 1 2 1 5 1 7 2
- 2 2 1 8 4 4 2
- 2 2 1 4 4 1 5
- 2 4 1 4 2 2
- 3 5 1 4 2 4
- 1 2 7 1 4 2 1 4
- 1 3 4 1 4 2 6 1 2
- 2 2 9 4 1 4 2 1 2
- 1 1 3 1 3 4 1 2 2 1 2
- 3 4 1 1 4 1 1 2 1 1
- 3 5 4 4 3
- 45

45×45

Column clues (top, read left→right, top→bottom within each group):

						3				4										2						2			5						2 3		6	4		2	
					7	3				5	7	6								5 2 2				2		8 5 5 5				8 7	2	9 4 7 1	2			4 4		2	
2 2		3 2	6 1 2 3					2 4	4	1 2 1							1 5 5 2				2		1 1 1	5 2 1 2 1	1	6 2 3	9 3 2 4 3	1 4 5 1	4
5 5 3 5 4	1 4 4 3 3		3 3 2 3	1 7 8 3 7 6 5 7	3 2 1 1 1	5 2 1 2 1	1 6 3 5 3	2 1 1 1 2	2 1 7 1 1	3 4 1 3 1
1 1 7 1 1 4 1 1 4 4	3 3 2 3 1 5 3 1 5	3 1 6 14 12	1 1 3 2 4	1 1 5 10 11	3 2 1 5 1	1 4 2 3 2	1 2 6 3 3
1 1 1 3 4 1 3 3 2 3	2 3 9 9 13 8 5 2 1 2	3 6 5 3 2	12 12 13 3 7	2 3 8 2 1	1 4 9 3 2	2 2 2 3 2	3 9 3 2 3
3 3 3 2 1 3 2 3 9 9	13 8 5 2 1 3 6 5 3 2	1 2 3 1 5 5	6 11 2 9 5	12 17 1 5 7	8 6 4 1 3	5 2 2 4 6	10 10 7 6 5
22 22 22 3 3 4 1 2 3 10	11 8 9 1 2 3 3 1 5 5						

Row clues (right side, top→bottom):

- 3 16
- 4 18
- 2 1 7 1
- 2 4 3 2 9 2 3
- 6 5 1 10 6
- 5 7 2 5 6
- 7 15 1 10
- 8 13 1 1 5
- 8 13 1 6
- 9 13 2 8
- 4 1 1 9 4 4
- 1 10 1 9 5
- 8 22 9
- 6 2 2 3
- 2 6 2 1 2
- 9 16 4
- 6 10 2 1 1 1
- 6 11 2 1 2 2
- 3 4 3 8 2 1 1 1
- 4 4 1 7 2 1 2 2
- 12 1 1 7 2 1 4
- 1 5 2 3 5
- 2 5 5 4 1
- 14 6 11 2 4
- 13 14 8
- 16 13 9
- 3 7 5 4 2 2 3
- 3 5 5 1 3 1 4 3
- 3 4 3 2 3 1 1 2 3
- 3 4 2 1 1 5 2 2 2
- 3 3 1 2 1 3 2 2 1
- 3 3 1 5 2 3 3 4
- 3 2 1 1 2 2 3 1 4 1
- 3 4 1 2 1 3 2 1 2 4
- 3 1 1 3 1 4 7 1 6
- 3 1 6 2 5 3 13
- 3 3 4 9 2 11
- 3 4 10 1 5 5
- 3 4 10 5 4
- 3 15 4 4
- 3 3 7 4 5
- 3 3 1 5 4
- 3 2 2 1 5 4
- 3 2 3 2 4 3
- 3 2 4 1 5 2

C102 완벽한 피치의 하이에프야

45×45 네모로직 (Nonogram)

가로(행) 단서:

1. 3 8 2 7 11
2. 4 10 10 5 2 3
3. 2 2 5 11 7 3
4. 4 4 4 12 5 1
5. 4 2 2 6 5 7 3
6. 9 3 4 3 1 4 3
7. 1 6 3 6 6 6 3
8. 1 2 5 3 2 2 3 10
9. 1 1 5 3 3 9
10. 2 4 3 3 2 3 2 2
11. 2 5 5 3 2 6 2
12. 3 4 6 2 2 4
13. 4 3 7 3 5 2
14. 4 1 2 12 5 2
15. 5 1 1 9 6 8
16. 6 1 3 2 5 1 2 1 5
17. 1 2 3 4 5 1 2 5 1
18. 4 2 1 1 3 2 1 7
19. 4 2 2 2 2 1 2 4
20. 4 2 1 3 5 4 6
21. 3 2 1 8 2 2 1 2 6
22. 4 2 1 2 3 4 2 1 1 4
23. 3 2 1 2 2 1 3 1 8
24. 3 4 2 2 2 3 1 2 3
25. 3 4 2 2 1 2 3 1 3 1
26. 2 5 2 2 2 1 2 1 1
27. 2 5 2 1 2 2 2 2
28. 2 6 2 1 2 2 1 7
29. 2 6 2 1 2 2 2 1 3
30. 2 5 1 1 2 3 2 1 2
31. 3 4 2 1 2 2 2 2 2
32. 3 2 2 1 2 4 2 2
33. 4 2 2 3 3 1 1 2
34. 7 3 2 2 2 1 2 1
35. 10 1 1 1 2 2 1 2 1
36. 2 2 1 1 3 1 1 2
37. 5 2 1 3 1 1 2
38. 4 1 1 3 1 2 1
39. 4 1 1 3 1 1 2
40. 2 2 2 3 2 1 2
41. 3 2 2 4 1 2 3
42. 3 4 2 3 1 1 4
43. 2 5 1 3 1 1 5
44. 2 6 1 3 1 1 6
45. 1 5 1 3 1 1 5

45×45

Row clues (top to bottom):

- 5
- 2 2
- 1 5
- 6 1 1 2
- 10 2 2
- 12 3 2
- 13 2 3
- 13 4 2
- 6 3 4 2
- 4 2 5 2 7
- 5 3 7 3 2
- 1 2 4 2 7 2 3
- 2 2 2 7 4 4
- 1 2 1 11 5
- 1 2 3 9 12
- 1 4 3 8 12
- 4 4 2 5 6
- 3 5 7 6
- 5 8 6
- 7 9 7 12
- 21 2 2 12
- 23 8
- 24 7
- 20 3 7
- 18 2 1 12
- 16 3 11
- 4 11 2 5
- 2 9 2 4
- 1 9 2 4
- 1 8 1 2 9
- 1 6 4 2 9
- 2 2 1 4 5 2 2 2
- 3 1 1 3 4 3 1
- 3 2 1 1 1 2 4 1 3
- 6 2 1 2 2 5 5
- 6 1 1 2 2 6 5
- 2 2 3 1 3 1 3 6
- 1 4 4 2 2 2 1 3 5
- 7 6 7 7 4
- 5 1 10 4 2
- 2 4 7 6 5 3 2
- 9 1 7 6 3 6
- 7 1 1 1 31
- 1 1 1 3 1
- 45

C104 안정적인 자세로 조준해요

45×45 네모로직 (Nonogram)

가로 힌트 (행)

1. 24
2. 24 5
3. 2 2 1 11
4. 2 2 1 14
5. 2 2 1 15
6. 2 2 1 16
7. 2 2 1 4 10
8. 2 2 1 3 6
9. 2 2 3 5
10. 2 2 2 7 5
11. 2 2 17 3
12. 2 2 6 7
13. 2 2 14 3 2
14. 22 3 4 3 2 1
15. 23 6 3 1 1 1
16. 6 2 2
17. 3 1 1
18. 6 1 2 3
19. 12 1 5 1 1 2
20. 8 6 3 4 2 4 1
21. 3 5 3 5 3 1 1
22. 1 2 4 7 2 2 3
23. 4 4 2 5 1 2 2 4
24. 12 3 7 1 6 4
25. 13 4 8 2 3 3
26. 5 2 21 2
27. 8 20 4
28. 4 4 14 4 4
29. 6 1 14 3 3 2
30. 2 3 14 5 2
31. 5 1 13 3 1
32. 1 2 14 2 1
33. 8 12 1 1
34. 4 10 1 1
35. 9 2 1
36. 8 1 1
37. 6 1 1
38. 4 1 1
39. 2 1 1
40. 2 1 1
41. 2 1 1
42. 1 2 1
43. 1 1 1
44. 1 1 1
45. 1 1 2

45×45

Row clues:
- 4 5 8 1 5
- 5 6 2 2 1 5
- 5 6 2 2 1 5
- 5 6 4 4 1 1
- 6 7 2 8 2 7
- 5 6 2 3 3 1
- 5 5 1 3 2 1
- 4 4 2 2 2 9
- 5 6 2 2 4 9
- 8 3 5 3 6 1
- 8 1 8 2 2 2 1
- 9 7 4 2 2 1
- 8 6 3 1 2 1
- 12 3 1 2 2
- 4 5 1 2 1 2 1
- 8 2 2 2 6 3 1
- 8 2 4 2 7 3 1
- 16 5 7 1
- 3 9 4 6 11
- 2 3 2 1 6 11
- 9 2 1 5 1
- 1 1 1 1 11
- 7 2 6 5 2
- 7 1 6 2 8
- 7 2 6 9 9
- 7 1 7 2 6 4
- 7 2 9 3 3
- 8 1 10 3 7
- 9 8 1 4 2 3
- 5 8 3 6 2 2
- 13 9 2 6
- 1 9 4 1 7
- 2 8 2 3 2
- 5 9 1 2 1
- 3 2 3 3 4 2 3 1
- 1 3 4 6 2 2 1
- 18 4 3 1 2 1
- 15 3 2 2 2 2
- 1 4 3 3 2 2 2
- 11 2 3 2 6 3 2
- 10 6 2 2 2 3
- 1 7 2 10
- 1 4 19
- 2 5 15
- 8 8

C106 화살을 통에 던져 넣어요

45×45 네모로직 (Nonogram)

가로 힌트 (Row clues):

#	Clues
1	10 7 3 18
2	8 9 3 18
3	7 13 2 18
4	7 5 6 3 17
5	8 2 3 2 17
6	1 1 1 2 3
7	1 2 1 2 2 2 7
8	1 3 2 1 1 10
9	2 2 4 3 13
10	23 5 3
11	7 11 3 9
12	20 2 1 1 6
13	20 4 1 1 5
14	4 11 3 1 2 1
15	5 10 5 2 2 6
16	1 1 10 1 1 9 2
17	2 2 10 1 3 4 2 1 2
18	2 3 3 7 6 3 5 2 1
19	2 3 1 3 2 1 2 2 1
20	3 2 1 3 2 1 3 2 1
21	2 2 2 1 1 4 2 11 1
22	2 2 2 2 1 2 2 4 2 1 4 1
23	2 1 3 4 4 3 1 8
24	2 2 2 2 1 3 2 3 1
25	2 2 2 1 1 1 5 2 3 2
26	2 2 2 5 2 6 1 6
27	2 2 2 2 3 6 8
28	3 1 2 1 2 7 6
29	9 5 15
30	3 1 2 2 14
31	4 1 2 1 1 11 1
32	1 4 4 1 7 1 2
33	2 7 3 2 6 3
34	4 4 5 1 2
35	3 12 5 2 2
36	2 5 5 4 3
37	1 8 6
38	1 6 6 8
39	1 4 12 11
40	2 5 6 14
41	1 4 18
42	1 5 21
43	2 5 5 16
44	3 5 12 10
45	7 30

C107 토대부터 튼튼하게 지어요

45×45

(노노그램 퍼즐 — 가로·세로 힌트 숫자)

세로 힌트 (상단):

					1 2 1 1			1	2				1			2	1 2				1 1													1				

가로 힌트 (좌측, 위→아래):

- 3 8 2 1
- 2 3 3 5 8
- 5 3 2 3 2 5
- 2 3 3 2 3 2 3
- 2 1 1 3 1 2 2 1 2
- 19 2 4 2
- 1 1 1 1 1 1 1 1 6 2 2 1 2
- 18 10 2 1 2
- 5 1 1 18 2 3
- 4 2 1 4 2 8
- 2 1 4 5 2 1 2 5
- 4 6 1 2 2 1 2 1 2
- 2 1 6 1 2 2 1 2
- 4 2 1 3 4 1
- 2 1 2 2 3 1 2 2 1 2
- 4 2 2 2 3 1 2 2 1 3
- 5 1 6 2 1 2 3 2 4
- 1 4 15 2 13
- 1 5 14 3 3 1 2
- 1 4 2 2 4 3 2 1 1
- 1 1 2 2 2 1 2 3 2
- 2 11 5 6 2 3
- 1 9 5 3 3 3 5
- 1 8 3 1 3 2 4
- 4 1 2 2 2 2 2 4
- 1 1 5 2 1 1 1 1 2 1 2
- 5 1 3 1 2 1 2 1 1
- 1 1 5 3 1 2 2 2 1 2
- 6 1 7 2 2 4
- 1 1 4 6 2 3
- 5 2 2 2 3 1
- 1 1 5 1 2 3 3
- 4 3 2 2 3 3
- 1 4 1 1 4 4
- 5 2 2 1 1 4 5
- 5 2 3 1 1 2 7
- 7 1 6 1 2 10
- 10 1 2 3 12 3
- 13 9 12 3
- 36 3
- 24 6
- 21 1 10
- 21 22
- 40 3
- 36 3

C108 어떤 나쁜 짓을 꾸미고 있을까요?

난이도 ★★★★☆

45×45

(Nonogram puzzle grid — 45×45)

Row clues (top to bottom):
- 2 4
- 3 6 1 2
- 1 2 12 2 1
- 1 17 1 5
- 2 13 2 3 2
- 1 14 1 3 2
- 2 4 4 6 3 1
- 6 2 4 2 3
- 5 5 2 3 1
- 6 3 1 6 1 2 2
- 2 2 5 5 2 3 2 4
- 2 3 1 2 1 2 1 1 2 3 2
- 1 2 2 1 2 1 1 1 2 1
- 2 2 1 1 1 1 2 3
- 1 1 1 2 3 1 3 2 2 1
- 4 3 3 2 2 2 5 1
- 6 2 1 4 1 2 1 4 3
- 8 2 7 2 8 2
- 10 2 4 2 6 1 5 1
- 10 4 3 4 4 1
- 12 7 2 5 1
- 17 3 3 5 2 2
- 3 20 8 2
- 2 3 16 5 5
- 2 3 17 8 5
- 1 1 9 8 6 6
- 1 10 10 1 7 1
- 5 2 4 2 1 1 6
- 6 2 2 4 5 3
- 8 2 8
- 9 6 4
- 5 4 3 3
- 3 1 2 3 5
- 1 1 1 1 6 4
- 2 1 13 1 2 2
- 3 17 2 4
- 10 6 5 3 6
- 4 6 7 8 1
- 4 6 6 5 1
- 3 5 5 6 9
- 37
- 2 6 6 1
- 1 1 8 6 2 14
- 8 9 1
- 4 2 2 5 1

D109 비타민 A가 풍부해 눈에 좋아요

난이도 ★★★★☆

40×50

Column clues (left to right, each read top to bottom):

13 4 5
5 1 10 3 7
7 1 11 3 6
9 2 2 5 2 3
10 2 1 4 2 6 5
8 2 3 4 2 17
7 2 2 14 5
2 3 2 2 2 7 3
4 5 3 6 2 1
4 6 3 8 3 2
4 1 1 5 2 5 4 2 2
4 3 2 5 3 2 2 5 3
4 4 2 5 3 2 2 10 3
1 7 2 3 3 3 2 7 3
2 3 5 2 2 3 4 2 1
4 2 1 2 2 3 1 3 2
3 3 2 4 2 2 4 1 2 2
2 4 1 2 5 2 3 2 2 3
3 4 1 2 7 5 2 4
3 3 4 1 2 2 3 3 2 3
4 1 2 2 4 2 5 2 6
4 3 5 6 2 6
4 2 4 6 3 3
2 2 2 1 7 2 8
2 4 2 2 1 1 2 2 8
1 1 2 3 2 1 1 2 3
1 3 2 3 2 3 10
3 5 2 2 1 3 1 11
3 2 2 1 5 5 3 1 4
3 4 3 2 1 5 17
4 2 3 3 2 3 3 3 1 8
4 2 2 1 2 1 1 2 2 1 2 8
4 2 2 1 1 1 4 2 1 7
4 4 1 1 1 3 1 2 4
4 2 2 2 1 3 1 2 1 7
4 3 5 2 2 1 5 1 7
3 5 1 1 1 2 2 1 1 7
3 2 2 1 4 5 1 2 8
7 2 8 2 4 8
4 2 13

Row clues (top to bottom):

5 3 3 6 6
5 3 10 9
5 8 5 11
5 8 4 11
10 1 4 4 2
9 3 4 2 9 2
9 4 4 17
6 4 4 4 1 1 5
5 4 2 2 1 1 2
1 2 1 1 1 1
4 2 5 5 1 3 2
1 2 4 3 2 2 1 2 3
1 2 4 3 1 2 2
2 1 5 1 2 10
3 1 5 1 3 4 1 2
5 9 2 2 2 1
4 5 1 2 4
3 3 2 1 1 1
3 2 2 1 6 1
2 3 2 2 3 3
2 5 3 2 3 2
3 1 3 3 3 3 1
3 4 1 1
3 7 2 11 1
4 10 1 2 1 1 3 1
1 4 5 2 3 1 2 1 3
1 8 3 1 3 2
2 6 2 3 2 2 3
3 1 3 4 3 9
9 2 1 1 4 2
8 2 4 2 2
6 5 2 4 1
2 11 4 2 1 1 1
3 1 8 3 4 1 1
3 2 3 1 5 4 1 1
3 2 2 7 1 8
2 6 5 4 2 2
3 3 3 2 3 2
3 3 2 2 2 3 3
3 3 3 3 5 1
3 2 3 4 1
5 3 3 5 1
1 3 3 3 5 3 3
2 2 2 3 6 10
2 3 4 3 5 2 10
3 8 4 6 2 10
3 2 3 4 4 2 2 10
2 2 3 5 2 2 4 5
2 2 4 4 2 2 2 4 5
2 2 4 5 2 2 2 4 5

D110 해의 방향에 따라 꽃이 쫓아가요

난이도 ★★★½☆

40×50

2 5 3 3
3 2 3 4 3 3 1
8 5 1 5 2
1 5 3 5 4 1 1
1 3 2 2 1 4 2 1
3 1 2 2 2 2 2 3 1
5 1 2 1 6 2 5
1 1 2 1 2 1 3 2 3 1 1
1 2 2 2 1 1 2 3 1 3 2
8 2 1 3 2 2 6 1 4
1 1 2 3 5 2 3 3 3 1
3 2 10 1 3 1 2 2 2
4 2 2 3 5 3 2 4 1
2 3 2 6 1 2 7 7
1 4 4 2 5 4 7 2
1 4 3 10 3 3 7 4
1 4 2 3 2 5 1 5 2
1 5 3 3 6 2 12
2 4 2 5 7 5 3 5 3
6 1 4 4 3 6 4 2
6 3 4 5 3 2 2 3 2
6 7 3 1 4 4 2 2 1
5 2 2 2 12 1 2 1 3
1 1 3 1 2 4 2 2 1 1 1 4
6 3 2 1 2 2 1 2 2 2 6
1 2 1 4 1 3 1 1 5 1 5
1 2 2 1 1 2 2 1 2 2 1 1 4
3 3 1 1 3 1 1 1 2 1 4
1 2 5 9 1 3 1 2 1 2
9 3 2 1 2 5 7 1 3
2 2 4 5 3 14 1 3
1 4 1 15 2 1 2 1
2 3 4 5 2 5 2 2 1 1
15 3 6 4 1 2 1
3 4 2 1 4 6 4 2 1 1
2 2 1 1 1 4 6 5 2 2 1
1 2 2 4 4 6 6 3 2 2
5 1 2 1 3 5 6 4 1
1 2 5 2 2 5 7 9
7 6 2 7 9

6
4 2 4
6 1 3 5
2 3 3 2 2 1
2 4 4 1 1 1 3
13 2 2 2 2 1
16 6 5
10 4 5 2
5 5 2 1
1 2 3 7 2
3 2 3 5 3 3 4
2 1 2 5 1 2 5 1
5 3 1 6 2 3 1
2 1 2 2 2 4 6
1 1 3 1 1 1 2 2
8 2 1 1 6 5
1 2 2 1 1 4 2 2 3
2 2 2 1 1 3 1 5 2
4 2 1 1 2 1 2 1 2 7 1
5 3 1 8 2 2 2 5 1
5 7 1 5 6 4 1
7 4 5 2 2 2 5
2 5 3 8 2 2
2 2 1 5 1 5 3
1 6 1 5 2 6 5
2 3 12 3 7
13 2 4 1 3 9
6 3 5 3 9
2 5 1 7 11
2 3 4 5 11
2 2 3 9 6
1 3 2 6 2 2 4
6 1 2 1 1 2 2 7
2 1 2 1 2 3 1 7
1 1 3 1 1 6 8
1 2 4 2 1 11
5 3 1 4 2 3 4
4 2 2 5 2 2
2 4 5 2 1
5 4 2 4
2 4 9
16 8 8
8 5 6 6 6
5 2 4 4 3 4
4 6 1 3 4 3 3
2 4 2 2 2 2 2 2 2
1 3 2 3 1 2 5 1 2
2 2 1 1 3 1 3 9 2
1 1 1 4 1 2 15 2
10 1 2 7 2 4

D111 밸런타인데이에 주고받아요

난이도 ★★★★☆

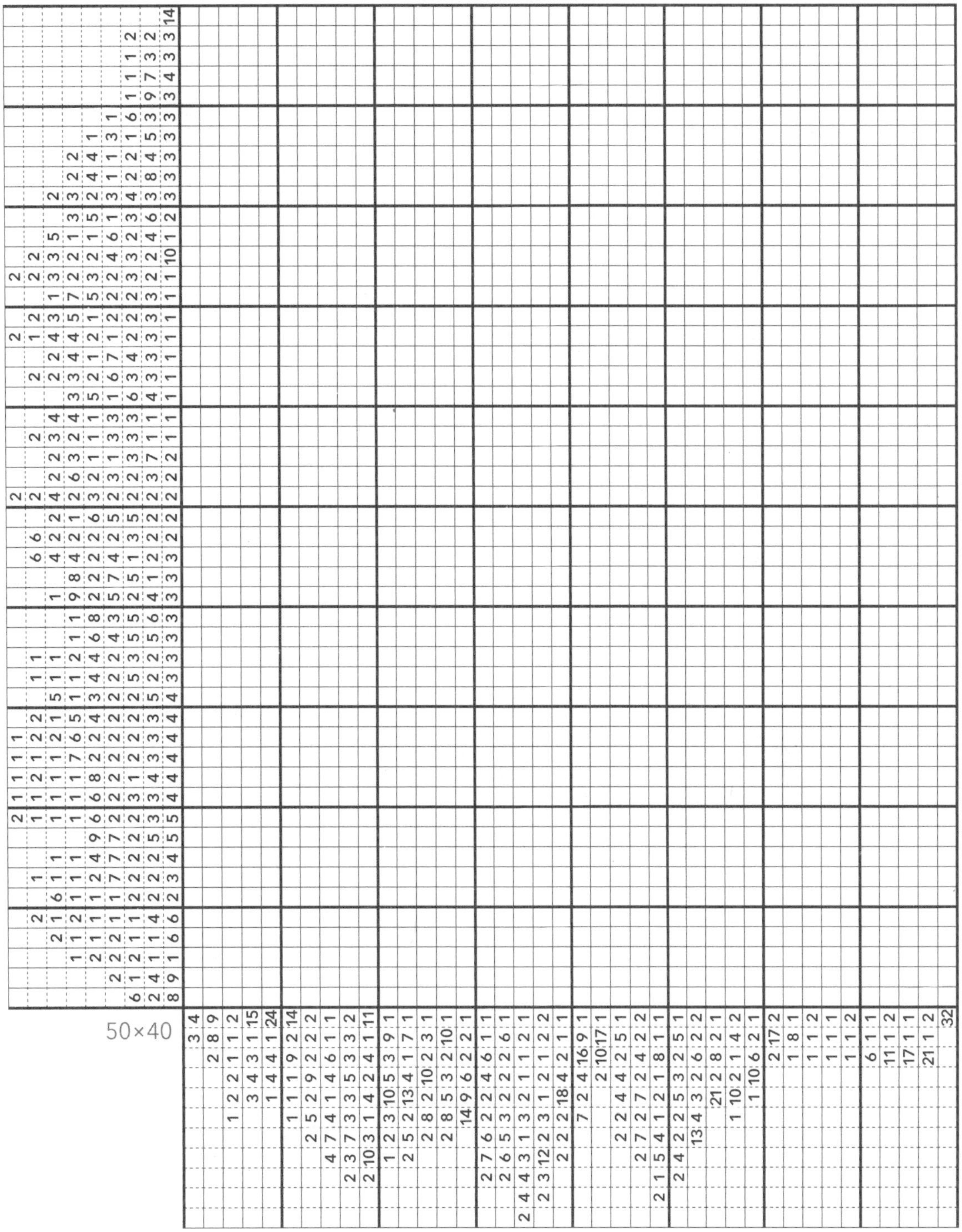

50×40

50×40

50×40

50×50

D116 비가 오려나 봐요

난이도 ★★★★★

50×50

4 2 3 1 2 8 6
4 6 2 3 10 5
4 6 6 5 5 4
4 3 6 8 12 4
4 1 3 4 5 2 13 3
4 2 4 4 8 13 3
4 2 4 2 8 15 2
1 2 2 2 2 5 2 2 4 3 2
5 2 2 2 8 2 2 8 1
2 3 3 2 2 6 3 1 10 1
6 3 1 14 10
3 1 3 2 4 5 3 2 3
1 3 2 3 3 1 6
1 2 3 2 1 9
2 3 2 4 4 1
4 2 2 14 4 2
1 1 2 2 5 2 7 4
2 1 2 3 3 1 7 6
2 3 2 2 2 2 2 12
2 2 2 2 1 2 15
1 2 4 2 2 1 2 11 4
1 1 2 3 2 2 1 5 2 8
1 1 4 1 2 1 2 7 1 8
1 1 4 1 2 1 2 6 1 9
1 1 2 2 2 6 2 3 2
1 2 4 3 3 5 3 6
2 2 2 2 4 6 3 8
3 4 5 7 1 9
4 2 3 3 3 6
4 2 1 1 6
4 1 3 2 12
4 1 5 2 15
4 3 5 2 4 11 6
4 4 5 4 7 7 6
4 6 2 4 2 9 2 3
3 7 2 5 4 3 3
2 5 4 2 3 3 2 1 1 4
2 1 2 4 4 5 3 1 2 4
2 2 2 8 5 3 2 1 3
1 4 1 3 4 5 2 1 1 4
1 2 1 3 3 3 2 1 4 1
7 5 6 1 1 1 2 1 1
4 7 4 2 2 4 1
1 1 6 2 2 1 2 1 6 2
4 1 5 2 3 2 3 9 3
7 2 2 3 3 2 3 10 3
1 2 2 1 1 8 4 11 4
3 1 2 9 2 11 4 5
2 2 3 2 6 3 9 6
5 4 6 2 3 6 7

8 6 24
7 4 2 3 13 3
7 1 3 1 6 9 4 5
7 3 1 6 2 7 4 5 3
5 1 2 4 2 1 2 2 4 1
4 1 6 1 3 3 2 1
2 1 2 1 2 5 2 1 2
2 1 4 1 3 7 1 5
3 2 2 2 7 5 3
1 2 2 4 5 2 1
3 2 2 4 5 2
4 3 4 3 15
20 1 2 4 9 3
2 13 4 5 9
2 5 2 5 1 6
4 3 3 3 3
6 4 5 5
6 4 2 5 5 1
7 10 4 5 7
6 2 9 4 1 4
4 2 2 2 3 1 7
2 1 2 6 6
6 2 2 6 2 7 6
10 5 3 1 7 4
7 3 4 3 2 3 1
9 2 2 2 5 3
11 3 2 1 3 2 3
4 6 3 4 2 3 2 2
10 1 2 3 6 2
6 2 1 2 2 1 3 2
2 2 2 1 2 2 3
3 3 3 2 1 2 2 1
6 1 3 2 1 2 2 1
10 1 7 1 1 2 1
6 1 9 4 2 3
7 2 1 1 12 4 2 4
9 2 1 3 9 5 5
8 3 1 10 7 6
7 2 1 5 1 9 8
2 8 12 2 1 6 5 3 2
22 3 1 4 2 6
21 3 2 2 1 1 2 6
11 4 6 2 2 3 3 6
6 6 7 2 6 1 1 5 1
1 11 17 2 2 5 2
2 8 4 13 4 4 3
4 4 25 2 4
6 10 18 6
8 20 7
10 10 9

D117 머리가 매우 똑똑해요

난이도 ★★★★★

55×55

2 2 1 1
3 3 2 1 2 2
3 2 3 3 2
3 4 1 2 1 2
2 4 2 4 2 3 1
3 1 1 10 2 2 2
5 1 1 3 1 4 1 2 3
4 3 8 3 2 4
2 1 2 3 8 1 6
2 11 3 1 2 1 4
3 2 1 1 3 10 2 6
5 2 2 6 2 2 1 4
4 5 2 8 2 2 4
2 3 15 1 5
2 1 4 11 2 2 3
5 7 8 6
3 1 15 2 4
2 4 1 9 2 5
2 1 12 7
3 3 4 3 1 1 8
4 8 9 4 2
4 11 1 5
2 2 3 2 1 2 8 6
16 1 8 2
2 4 3 7 2 12 3
3 8 2 2 7 11 2
7 5 2 1 10 5 10
3 1 6 2 2 3 8 9 6
6 6 2 12 7 5
8 6 15 5 2
9 1 6 11 5
6 3 4 2 13 5
5 4 2 25
38
7 9 2 15
6 9 23
8 4 4 18
4 1 7 4 13
2 6 5 13
5 2 4 1 12
4 2 6 2 11
2 4 2 9
1 7
1 1 7
1 1 6
1 2 5
2 7
1 1 4
2 4
3 4
1 4
1 1 2
3 1
2
1

2 2
2 3 3
2 3 3
2 7
3 7 1
3 9
5 2 3 2
2 2 3 3 1 4
2 3 1 6 2 1 3 1
4 3 2 2 3 2 2 1 2
4 3 3 2 2 2 2 1 1
8 2 2 4 3 1 2 1
2 1 2 4 2 5 2 1 3 1
6 4 2 4 6 1 1
3 2 4 3 2 1 4 1 1
2 3 2 3 7 1 3 1 1
7 4 2 4 2 1 5 1
2 1 2 2 2 5 7 2 1
13 1 2 3 1 9
4 1 7 2 2 5 5 1
7 2 2 1 4 8 2
2 11 2 6 6 2 6
9 6 1 5 2 7 3
1 1 1 1 1 2 2 4 10 1 2
1 1 3 6 1 15 4 1
12 3 3 3 3 2 2 3 4
1 1 5 5 22 1 2
1 3 3 5 5 27
5 3 35
12 2 29
2 13 28
1 1 10 22
12 20
2 6 16
6 3 13
2 2 1 1 3 12
2 2 2 2 8
2 1 6 2 8
1 6 3 12
3 3 1 17
2 3 19
3 1 4 14
3 19
3 19
4 18 1
1 3 3 4 1 2
11 1 1 1 1
2 2 4 3 3
3 5 2 3
3 2 2 4 4
2 3 4 4
4 3
2 1 3
3 1 3
1 1 1

55×55

Nonogram puzzle grid (55×55) with row and column clues.

50×60

D120 마치 살아 움직일 것 같아요

난이도 ★★★★★

50×60

Column	Clues (top to bottom)
1	1 3 3 4 5 1
2	4 2 2 4 14 1 1
3	4 1 9 10 16
4	4 2 12 20 2 2 2
5	3 9 13 1 1 2 1 1 2
6	3 6 3 9 1 1 1 1 1 1
7	5 5 2 9 1 1 1 1 1 1
8	5 4 4 7 1 1 1 6 1
9	4 5 2 7 1 1 2 2 6 1
10	1 2 4 2 2 6 6 1 1 2 1
11	4 3 2 1 4 1 1 2 2
12	4 3 2 3 4 5 4
13	4 2 2 3 1 4 13 2
14	3 1 2 2 4 2 4 6 2
15	3 1 2 2 3 4 3 3 4 3
16	5 2 1 1 4 3 2 2 8
17	3 2 1 1 3 1 4 2 3 6
18	6 2 2 3 5 7 4
19	7 6 5 6 4
20	3 4 9 2 6 3
21	2 5 8 2 2 3
22	3 3 2 3 5 2 1 2
23	10 2 2 3 5 2
24	9 2 2 1 2 6 3 2
25	6 2 2 3 9 3 1 3 1
26	3 4 5 1 6 2 3 1 3 5 1
27	1 5 1 2 3 1 2 3 1 2 5 5 1
28	4 2 4 2 4 8 5 5 3 1
29	2 2 4 1 7 5 3 1
30	1 7 2 2 2 7 3 1
31	1 9 1 1 2 2 1 1
32	1 9 1 1 2 2 1 1
33	1 9 4 2 7 1
34	1 9 2 2 10 1
35	1 8 2 7 6 1
36	1 8 3 2 1 10 1
37	10 2 2 3 1 4 9 1
38	11 5 4 2 4 3 7 2
39	10 3 13 4 3 2 2
40	1 6 2 10 3 3 2 2
41	6 3 3 2 7 2 3 3
42	10 4 10 7 3 1 1
43	2 8 12 8 3 7 2 1
44	8 3 8 5 2 5 2 1
45	5 8 6 2 1
46	3 8 6 7 2 1
47	5 5 3 17 3 1
48	10 2 5 2 4 3 1
49	9 3 5 3 9 1
50	5 7 3 3 1

Row	Clues (left to right)
1	4 7 8 3 10 6 2
2	3 3 3 11 2 3 8
3	20 5 1 9 2 7
4	16 2 3 1 9 10
5	1 4 7 4 2 10 5 4
6	3 5 9 1 10 4 3
7	2 13 6 1 11 4 4
8	1 8 3 2 2 2 11 8
9	2 7 2 4 2 11 2 6
10	8 1 4 1 13 9
11	5 8 10 4 5 2
12	4 5 3 2 3 3 1
13	4 3 2 2 3 3 2
14	4 2 5 2 2 2 2 6
15	4 2 3 1 2 1 1 4 4 3 5
16	3 2 1 2 1 2 3 1 2 1 2 2
17	2 3 1 2 1 2 7 4 2
18	2 1 1 2 2 4 5 2 2
19	1 2 5 3 3 2 2
20	2 3 3 2 1 3 3 2 2
21	6 3 3 1 4 2
22	19 4 1 2
23	19 1 6 2 2
24	15 1 1 5 2 2 2
25	12 2 2 2 2 2
26	8 5 5 5
27	5 5 8 4
28	5 3 4 6 3 4
29	5 4 17 3 2
30	4 6 13 3 3 2
31	5 7 4 3 3 2 3 2 1
32	5 2 4 3 3 3 5 2 2
33	4 8 3 3 4 8
34	4 3 4 3 8 6
35	3 2 9 2 3
36	1 7 2 1 4 4
37	1 1 1 2 3 8 4
38	1 7 1 5 7 3 1
39	1 1 1 2 1 3 4 1 2 2
40	1 1 1 1 5 2 1 2 1
41	2 2 2 1 3 2 4 1
42	1 5 2 8 2
43	1 1 7 1
44	1 1 4 2 1
45	4 1 3 2 2 1
46	11 1 3 2 4 1
47	1 2 2 5 7 1
48	1 1 2 5 4 1 1
49	1 1 3 3 3 2 1
50	2 7 2 3 2
51	7 2 1 3 1
52	1 1 3 4 2
53	1 1 4 3 2 1
54	1 1 4 1 3 2
55	1 2 3 5 2
56	1 2 2 5 2
57	1 2 4 3 2
58	1 1 7 3
59	3 14 4
60	50

해답

A1 스마일

A2 컵

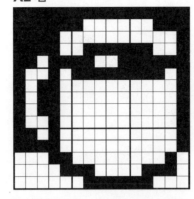

A3 9시

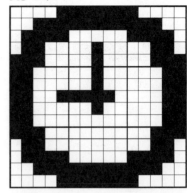

A4 버튼

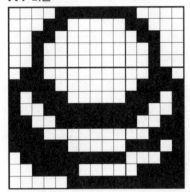

A5 사과

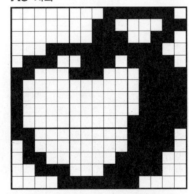

A6 책

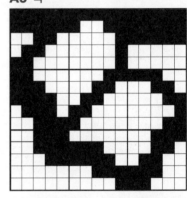

A7 팽이

A8 와플

A9 + A10 폭포

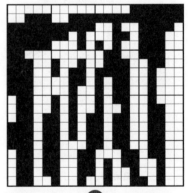

A11 폐

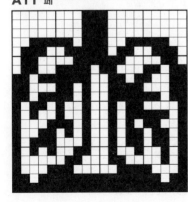

A12 호루라기

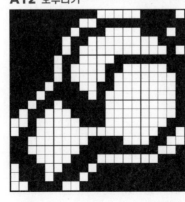

➕

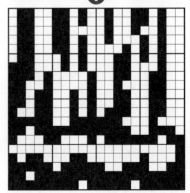

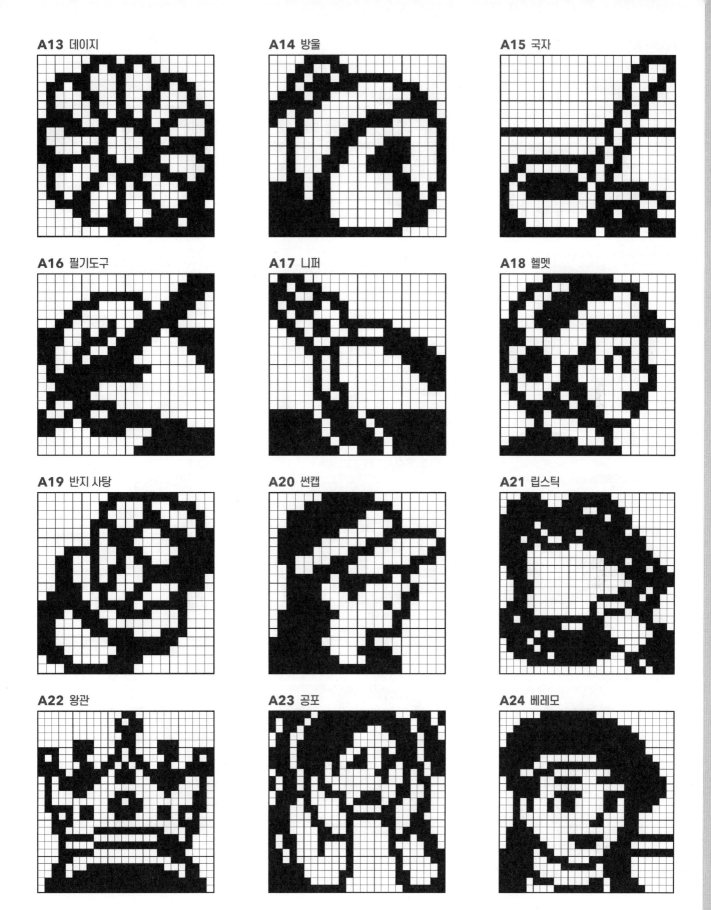

A13 데이지

A14 방울

A15 국자

A16 필기도구

A17 니퍼

A18 헬멧

A19 반지 사탕

A20 썬캡

A21 립스틱

A22 왕관

A23 공포

A24 베레모

117

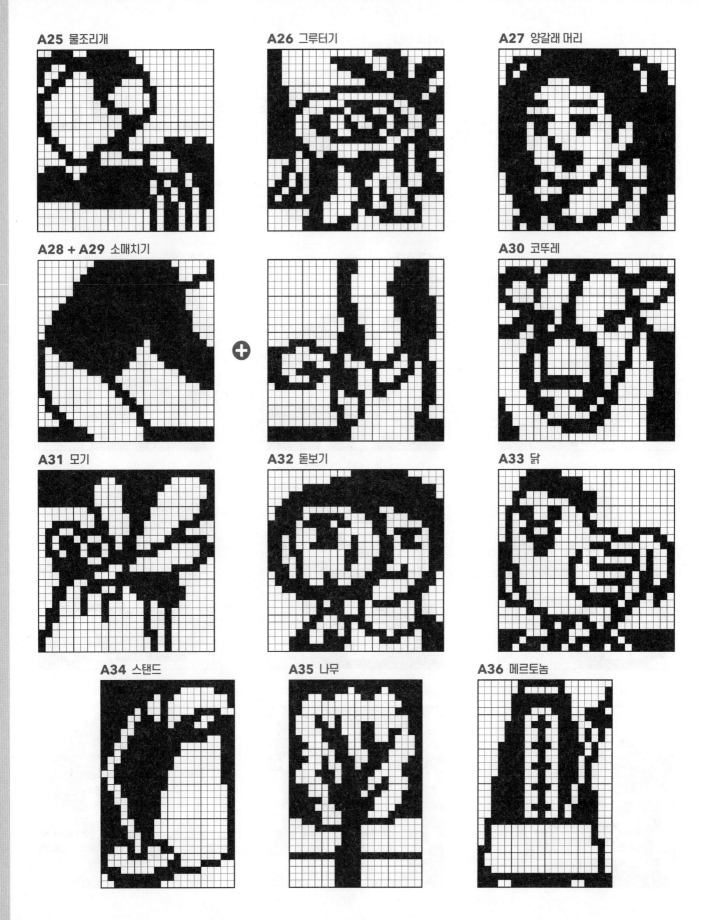

A25 물조리개

A26 그루터기

A27 양갈래 머리

A28 + A29 소매치기

A30 코뚜레

A31 모기

A32 돋보기

A33 닭

A34 스탠드

A35 나무

A36 메르토놈

A37 울타리

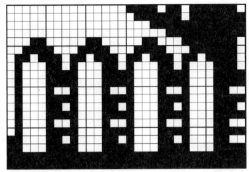

A38 비둘기

A39 우주선

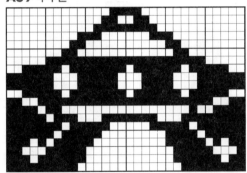

A40 지렁이

A41 고래

A42 웰시코기

B43 줄무늬 양말

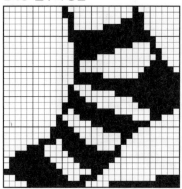

B44 족두리

B45 타르트

B46 안대

B47 건배

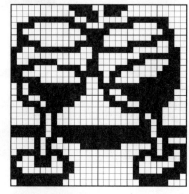

B48 복주머니

B49 참 잘했어요

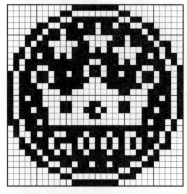

B50 피자

B51 트럼펫

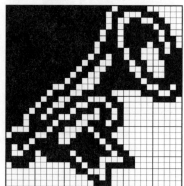

B52 + B53 베개 싸움

B54 관절

B55 옆구리 운동

B56 바람

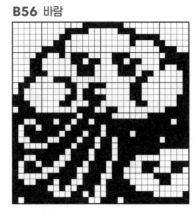

B57 시무룩

B58 선글라스

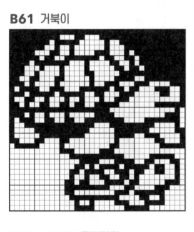

B59 부엉이

B60 수세미

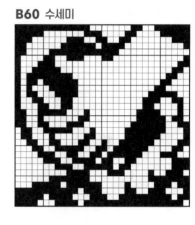

B61 거북이

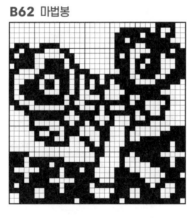

B62 마법봉

B63 테이블

B64 + B65 줄다리기

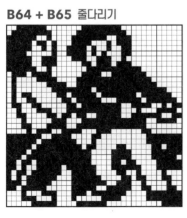

B66 금메달

B67 전사 자세

B68 루돌프

B69 항복

B70 쌍안경

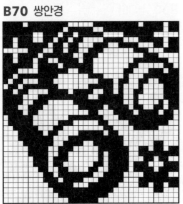

B71 막대사탕

B72 인디언

B73 짤주머니

B74 바구니

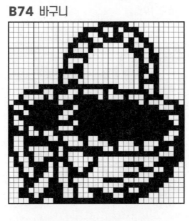

B75 수염

B76 풍선껌

B77 재채기

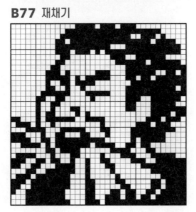

B78 텔레마케터

C79 포옹

C80 사죄

C81 오타마톤

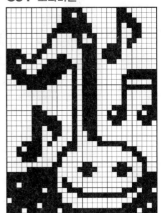

C82 하늘의 별 따기

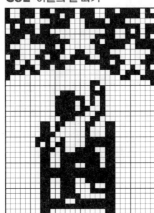

C83 토스터기

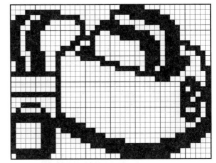

C84 손전등

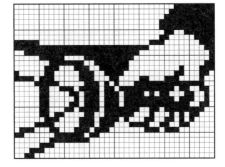

C85 박쥐

C86 데이트

C87 부채

C88 오리발

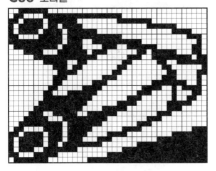

C89 도토리와 다람쥐

C90 칠판

C91 스켈레톤

C92 과학자

C93 백신 접종

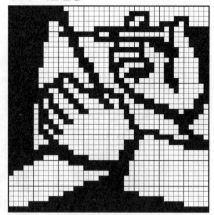

C94 + C95 기자

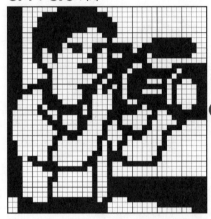

C96 자유투

C97 마중물

C98 배드민턴

C99 나뭇잎 우산

C100 + C101 횡단보도

C102 오페라

C103 파쿠르

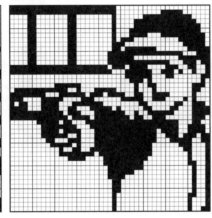

C104 사격

C105 청소기

C106 투호

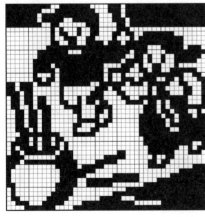

C107 건설 엔지니어

C108 삼지창

D109 주황 말과 당근

D110 노랑 해바라기

D111 갈색 초콜릿

D112 분홍 벚꽃놀이

D113 빨강 산타 할아버지

D114 회색 코뿔소

D115 보라 포도와 와인

D116 연두 개구리

D117 검정 까마귀

D118 파랑 아쿠아리움

D119 초록 선인장

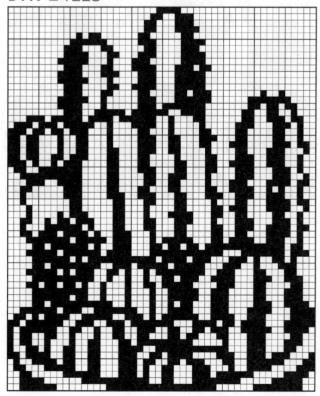

D120 하양 눈사람